essentials

essentials liefern aktuelles Wissen in konzentrierter Form. Die Essenz dessen, worauf es als „State-of-the-Art" in der gegenwärtigen Fachdiskussion oder in der Praxis ankommt. *essentials* informieren schnell, unkompliziert und verständlich

- als Einführung in ein aktuelles Thema aus Ihrem Fachgebiet
- als Einstieg in ein für Sie noch unbekanntes Themenfeld
- als Einblick, um zum Thema mitreden zu können

Die Bücher in elektronischer und gedruckter Form bringen das Expertenwissen von Springer-Fachautoren kompakt zur Darstellung. Sie sind besonders für die Nutzung als eBook auf Tablet-PCs, eBook-Readern und Smartphones geeignet. *essentials:* Wissensbausteine aus den Wirtschafts-, Sozial- und Geisteswissenschaften, aus Technik und Naturwissenschaften sowie aus Medizin, Psychologie und Gesundheitsberufen. Von renommierten Autoren aller Springer-Verlagsmarken.

Weitere Bände in der Reihe http://www.springer.com/series/13088

Friedericke Hardering

Sinn in der Arbeit

Überblick über Grundbegriffe und
aktuelle Debatten

Friedericke Hardering
Goethe-Universität Frankfurt
Frankfurt, Deutschland

ISSN 2197-6708 ISSN 2197-6716 (electronic)
essentials
ISBN 978-3-658-30815-5 ISBN 978-3-658-30816-2 (eBook)
https://doi.org/10.1007/978-3-658-30816-2

Die Deutsche Nationalbibliothek verzeichnet diese Publikation in der Deutschen Nationalbibliografie; detaillierte bibliografische Daten sind im Internet über http://dnb.d-nb.de abrufbar.

Planung/Lektorat: Cori Antonia Mackrodt
Springer VS ist ein Imprint der eingetragenen Gesellschaft Springer Fachmedien Wiesbaden GmbH und ist ein Teil von Springer Nature.
Die Anschrift der Gesellschaft ist: Abraham-Lincoln-Str. 46, 65189 Wiesbaden, Germany

Was Sie in diesem *essential* finden können

- Was ist Sinn in der Arbeit? Sinn als Thema der Arbeitsforschung
- Sinnerleben und Digitalisierung
- Wandel von Sinnansprüchen in der Arbeit
- Gibt es eine Krise des Sinns der Arbeitswelt?

Vorwort

Die in diesem *essential* ausgeführten Überlegungen schließen an zahlreiche Artikel und Buchbeiträge an, die ich in den letzten Jahren zum Thema des Erlebens von Sinn in der Arbeit publiziert habe.[1] Ganz im Sinne eines *essentials* habe ich versucht, die zentralen Grundannahmen, Konzepte, Denkrichtungen und Befunde aufzuzeigen und zu verdichten, die für die Forschung zur individuellen Erfahrung des Sinnerlebens relevant sind.

Die Frage, was die Erfahrung von Sinn in der Arbeit ausmacht und was es für Menschen heißt, ihre Arbeit als sinnvoll zu erleben, beschäftigt mich seit 2012, als ich am Schwerpunkt Arbeitssoziologie an der Goethe-Universität Frankfurt meine Postdoc- und Habilitationsphase begonnen habe. Im Rahmen des von der Deutschen Forschungsgemeinschaft geförderten Projektes „Gesellschaftliche Vorstellungen sinnvoller Arbeit und individuelles Sinnerleben in der Arbeitswelt", welches zwischen 2014 und 2018 an der Goethe-Universität Frankfurt gefördert wurde, hatte ich die Möglichkeit, sowohl die theoretischen Diskussionen zum Thema aufzuarbeiten als auch umfassende empirische Untersuchungen mit Beschäftigten aus verschiedenen Berufsfeldern und mit unterschiedlichen Erwerbsbiografien durchzuführen. Auch im aktuellen Projekt über die digitale Entfremdung von Arbeit verfolgen meine Kolleg*innen und ich Fragen des Sinnerlebens weiter.

Für die Einblicke in ihre Arbeitswelten möchte ich mich bei allen Interviewpartner*innen herzlich bedanken. Mein Dank gilt weiterhin den Kolleg*innen an

---

[1] Hierzu zählen insbesondere folgende Beiträge: Hardering (2014, 2015, 2017a, b, 2018a, b, c), Hardering und Will-Zocholl (2015), Hardering et al. (2015).

der Goethe-Universität Frankfurt, insbesondere Heather Hofmeister und Mascha Will-Zocholl, die zum Gelingen der Projekte beigetragen haben.

Mainz   Friedericke Hardering
Valle Gran Rey
La Gomera
im Frühjahr 2020

Inhaltsverzeichnis

Einleitung 1

Aktuell wird intensiv über den Wandel der Arbeitswelt diskutiert. Treiber der Diskussion ist insbesondere die Digitalisierung der Arbeit, die für substanzielle Veränderungen sorgt: Innerhalb weniger Jahre sind neue Tätigkeiten und neue Beschäftigungsformen wie Microwork entstanden, worunter die Erledigung von Kleinstaufgaben auf digitalen Plattformen verstanden wird. Qualifikationsanforderungen und Berufe haben sich verändert, und auch die alte Sorge, dass die neuen Technologien mit einer neuen Welle der Arbeitslosigkeit einhergehen, findet sich in aktuellen Debatten wieder (Hirsch-Kreinsen et al. 2018).

Die Sorgen über neue Leidenserfahrungen von Beschäftigten, die im Rahmen der Digitalisierungsdiskussion artikuliert werden, sind nicht neu. In den letzten Jahren wurde bereits vermehrt auf den Wandel der Arbeit, die Beschleunigung sowie den wachsenden Zeit- und Leistungsdruck hingewiesen. Die Diagnosen von Burnout, Depression und Angststörungen nehmen seit Jahren zu und die Arbeit scheint belastender denn je, obwohl sich die Arbeitszeit verkürzt hat und die körperlichen Belastungen zurückgegangen sind. Die Digitalisierung scheint die Tendenzen einer wahrgenommenen Belastungszunahme noch zu verschärfen (Badura et al. 2019; DGB-Index Gute Arbeit 2017; Müller-Thur et al. 2018).

Angenommen wird, dass all diese Veränderungen negative Folgen für das Sinnerleben haben. Die Sorge ist, dass mehr und mehr Beschäftigte sich dann nicht mehr mit ihrer Arbeit identifizieren und den Nutzen der Arbeit für sich und andere nur noch schwerlich erkennen. Gerade die neuen digitalen Tätigkeiten, die fragmentiert und durch starke Kontrollmechanismen geprägt sind, gelten dabei als Einfallstor für Erfahrungen von Sinnlosigkeit in der Arbeit. Die Sorge um die Zunahme neuer als sinnlos wahrgenommener Tätigkeiten und Aufgabenanteile führt aktuell zu einem neuen Interesse am Thema Sinn in der Arbeit.

© Springer Fachmedien Wiesbaden GmbH, ein Teil von Springer Nature 2020
F. Hardering, *Sinn in der Arbeit,* essentials,
https://doi.org/10.1007/978-3-658-30816-2_1

Doch dieses neue Interesse, welches sich beobachten lässt, hat noch einen anderen Grund. Das Erleben von Sinn wird vielfach als Gegengift gegen das Leiden an der Arbeit und gegen Burnout und Depression gehandelt: Wer seine Arbeit, und besser noch sein Leben insgesamt als sinnvoll betrachtet, kann besser mit Rückschlägen und Überforderungen umgehen. Zudem zeigt sich, dass sich Sinnerleben positiv auf die psychische und physische Gesundheit, das Wohlbefinden, Motivation, Arbeitszufriedenheit und das berufliche Engagement auswirkt (Allan et al. 2019; Arnold et al. 2007; May et al. 2004).

Doch was ist eigentlich damit gemeint, die Arbeit als sinnvoll zu erleben? Geht es um ein individuelles Gefühl, eine Art Bewertung der Arbeit, die mit dem Konstrukt der Arbeitszufriedenheit vergleichbar ist? Oder geht es beim Sinn um das Gefühl, anderen zu helfen, oder um so etwas wie Selbstverwirklichung? Ebenfalls kann gefragt werden, welche Rolle der Inhalt der beruflichen Tätigkeit für das Erleben von Sinn hat und welche Bedeutung den Beschäftigungsbedingungen wie der Sicherheit des Arbeitsverhältnisses zukommen. Die aktuellen Diskussionen über systemrelevante Arbeit, die für das gesellschaftliche Funktionieren unverzichtbar ist, wie die Arbeit von Pfleger*innen, Kassierer*innen oder Ärztinnen und Ärzten, oder die Debatte über *Bullshit-Jobs* (Graeber 2018) – also Jobs, die gut bezahlt, aber von den Beschäftigten selbst als überflüssig wahrgenommen werden – behandeln ebenfalls die Frage nach dem Sinn der Arbeit. Hier liegt der Fokus auf dem Nutzen der Tätigkeit für die Gesellschaft.

In der Erforschung sinnvoller Arbeit ist immer wieder darauf hingewiesen worden, dass es kein klares Konzept sinnvoller Arbeit oder des Sinnerlebens gibt. Erschwerend kommt hinzu, dass mit dem Sinn-Begriff nicht nur individuelle Erfahrungen und Bedeutungszuschreibungen angesprochen sind, sondern auch Fragen der gesellschaftlichen Bedeutungszuschreibung von Arbeit. Was der Sinn der Arbeit ist, ist eben nicht nur individuell zu beantworten. Vielmehr ist in modernen Arbeitsgesellschaften der Sinn der Arbeit sozial definiert: Arbeit in Gestalt der Erwerbsarbeit gilt als zentraler Modus der Integration moderner Arbeitsgesellschaften. Der Erwerbsarbeit wird damit gegenüber anderen Tätigkeitsformen wie Freiwilligenarbeit oder Sorgearbeit eine besondere Bedeutung beigemessen. Auch solche Fragen der gesellschaftlichen Bedeutung von Arbeit sind somit für die Sinndiskussion relevant, sie bewegen sich aber auf einer anderen Ebene.

In diesem *Essential* liegt der Fokus auf dem Erleben von Sinn im Arbeitskontext. Von einem positiven Sinnerleben in der Arbeit, also von Sinnerfüllung wird dann ausgegangen, wenn man in der Lage ist, die eigene Arbeitstätigkeit mit dem eigenen Lebenssinn in Verbindung zu bringen. Sinnerfüllung bedeutet zu wissen, warum und wofür man arbeitet. Weiterhin bedeutet es, eine Übereinstimmung zwischen persönlichen Werten und den Werten des Arbeitskontextes zu erleben (Hardering 2017; Lips-Wiersma et al. 2016).

Das Ziel des vorliegenden *Essentials* besteht darin, grundlegende Perspektiven und Diskussionen der Erforschung des Sinns in der Arbeit aufzuzeigen. Was heißt es beispielsweise, die Arbeit als sinnvoll zu erleben? Von welchen Debatten lässt sich die Diskussion über Sinn in der Arbeit abgrenzen? Weiterhin gehe ich auf aktuelle Thematisierungen der Sinnfrage ein: Wie steht es um das Sinnerleben in Zeiten der Digitalisierung und inwieweit lassen sich neue Ansprüche an das Sinnerleben in der Arbeit ausmachen? Damit bietet der Band einen Einblick in aktuelle Diskussionen um den Sinn in der Arbeit und zeigt aktuelle Befunde und Forschungsdesiderata auf.

Sinn und Arbeit: Definitionen und Diskurse

Ein Merkmal der Erforschung von Sinn und Arbeit ist die Uneindeutigkeit zentraler Begriffe. Wovon also gesprochen wird, wenn es um Sinn und Arbeit geht, kann sehr unterschiedlich ausfallen. Mal wird vom Sinn der Arbeit, vom Sinn von Arbeit, von sinnvoller Arbeit, dem Sinn in der Arbeit oder vom Sinnerleben gesprochen (Hardering 2015; Jäger und Röttgers 2008; Jürgens 2014). Eine ähnliche Vielfalt findet sich in der internationalen Debatte, wo von meaning of work, meaningful work, meaning in work oder meaningfulness gesprochen wird (Bailey et al. 2018; Rosso et al. 2010). Das zentrale Schlagwort der internationalen Diskussion ist meaningful work (sinnvolle Arbeit). Unter diesem Begriff wird auch über die angrenzenden Themen wie meaning of work (Sinn der Arbeit) verhandelt (Rosso et al. 2010).

Ein gemeinsamer Nenner der Erforschung sinnvoller Arbeit ist die Annahme, dass es keinen Konsens über die Definition zentraler Begriffe gibt (Bailey und Madden 2020). Die Heterogenität verschiedener Definitionen lässt sich zunächst einmal auf den Begriff des Sinns zurückführen, der bereits unscharf ist. Der Duden[1] nennt fünf Bedeutungen von Sinn, worunter z. B. die Fähigkeit der Wahrnehmung und Empfindung oder auch die Bedeutung bzw. der Sinngehalt fallen. Eine weitere Ursache der begrifflichen Unschärfe liegt darin, dass ganz unterschiedliche Disziplinen wie die Soziologie, Philosophie, ManagementForschung und Psychologie mit je eigenen epistemologischen Annahmen und Voraussetzungen an der Forschung beteiligt sind. Eine einheitliche Definition ist durch diese unterschiedlichen Debatten erschwert. Dennoch lassen sich verschiedene Bedeutungen sinnvoller Arbeit differenzieren (Hardering et al. 2015):

---

[1]https://www.duden.de/rechtschreibung/Sinn

© Springer Fachmedien Wiesbaden GmbH, ein Teil von Springer Nature 2020
F. Hardering, *Sinn in der Arbeit,* essentials,
https://doi.org/10.1007/978-3-658-30816-2_2

Sinnvolle Arbeit als nützliche Arbeit: Unter sinnvoller Arbeit werden bestimmte Tätigkeiten oder Berufe gefasst, deren gesellschaftlicher Nutzen deutlich erkennbar ist. Dies wird vielfach Tätigkeiten im öffentlichen Dienst, aber auch Tätigkeiten im Bereich Gesundheit, Pflege und Soziales attestiert. Die Diskussion über systemrelevante Berufe, die im Rahmen der Corona-Pandemie erneut aufgekommen ist, knüpft an diese Frage nach nützlichen Tätigkeiten, die dem Allgemeinwohl dienen, an. Auch in dieser Diskussion zeigt sich, dass es keine Übereinstimmung dahin gehend gibt, welche Tätigkeiten denn nun systemrelevant sind. Während erst Tätigkeiten bei der Polizei, Feuerwehr, Hilfsorganisationen sowie im Gesundheits- und Pflegebereich diskutiert wurden, wurde die Liste systemrelevanter Berufe im Laufe der Zeit mehr und mehr erweitert. Die Frage der Nützlichkeit von Berufen für die Gesellschaft bezieht sich auf das Ergebnis der Arbeit und somit auf den Gebrauchswert (Nies 2015). Sie stellt sich grundlegend nicht nur in Berufen mit klar erkennbarem Beitrag für die Gesellschaft, sondern in allen Berufen.

Sinnvolle Arbeit als gute Arbeit: In der Arbeitsforschung, aber auch in sozialphilosophischen Betrachtungen sinnvoller Arbeit findet sich ein Verständnis sinnvoller Arbeit, welches weitgehend dem Verständnis guter Arbeit gleicht (Rössler 2012). Sinnvoll ist Arbeit dann, wenn sie die Erfahrung von Würde ermöglicht und sich an Gestaltungsmerkmalen orientiert, welche die Persönlichkeitsentwicklung und Gesundheit fördern. Sie ist dann assoziiert mit Arbeitsgestaltungsmerkmalen wie Aufgabenkomplexität, Ganzheitlichkeit und der Bedeutsamkeit der Aufgabe (Hackman und Oldham 1980; Ulich 2011), aber auch mit guten Beschäftigungsbedingungen wie einer fairen Bezahlung, sozialen Schutzrechten und Arbeitsplatzsicherheit.

Sinnvolle Arbeit als subjektiv bedeutsame Arbeit: Arbeit kann auch dann als sinnvoll bezeichnet werden, wenn sie von den Beschäftigten selbst als sinnvoll bewertet wird. Der Bezugspunkt der Bewertung sind dann nicht das Arbeitsergebnis oder die Arbeitsbedingungen, sondern das Individuum. Zur individuellen Bewertung der Arbeit tragen das Arbeitsergebnis und die Rahmenbedingungen der Arbeit bei. Dennoch ist das Sinnerleben hoch subjektiv und hängt von individuellen Fähigkeiten der Bedeutungszuschreibung ab.

Neben diesen unterschiedlichen Bedeutungen sinnvoller Arbeit können verschiedene Diskursebenen ausgemacht werden, die den Gegenstand Sinn und Arbeit je unterschiedlich behandeln (Hardering 2018a). Dazu bietet sich eine Heuristik an, die drei Ebenen des Diskurses differenziert: Erstens den *gesellschaftlichen Sinn der Arbeit,* womit die gesellschaftliche Bedeutung von Arbeit gemeint ist, zweitens den *individuellen Sinn der Arbeit,* womit die individuelle Bedeutung von Arbeit im Lebenskontext angesprochen ist, und drittens der *Sinn in der Arbeit*, womit das individuelle Erleben von Sinn im Arbeitskontext umrissen wird.

Diskurs	Definition	Frage
Gesellschaftlicher Sinn der Arbeit	Gesellschaftliche Bedeutung von Arbeit	Welche Bedeutung hat Erwerbsarbeit?
Individueller Sinn der Arbeit	Individuelle Bedeutung von Arbeit im Leben. Zentralität der Arbeit	Wie wichtig ist Arbeit in meinem Leben?
Sinn in der Arbeit	Erfahrung der Sinnhaftigkeit der Tätigkeit	Erlebe ich meine Arbeit als sinnvoll?

2.1 Gesellschaftlicher Sinn der Arbeit – Die Bedeutung von Arbeit

Geht es um den gesellschaftlichen Sinn der Arbeit, sind Fragen nach der Bedeutung und Wichtigkeit von Arbeit und besonders von Erwerbsarbeit angesprochen (Hardering 2015; Hardering et al. 2015). Welchen Stellenwert hat Erwerbsarbeit in unserer Gesellschaft, welchen Stellenwert sollte sie haben und wie können andere Arbeits- bzw. Tätigkeitsformen wie Carearbeit neben der Erwerbsarbeit aufgewertet werden? Das sind die grundlegenden Fragen der Diskussion um den Sinn der Arbeit. Sie stehen in unmittelbarer Verbindung mit der Frage danach, was Arbeit ist und wie Arbeit definiert wird (Voß 2010).

Betrachtet man die Geschichte der Lohn- bzw. der Erwerbsarbeit, lässt sich über die letzten Jahrhunderte ein massiver Bedeutungsgewinn der Arbeit konstatieren. Während insbesondere körperliche Arbeit in der Antike oder auch im frühen Mittelalter überwiegend negativ belegt war, veränderte sich das Verständnis von Arbeit mit der Entstehung der Städte sowie mit Martin Luthers Idee der Berufung und seiner positiven Sicht auf Arbeit grundlegend. Weil es gelang, positive Vorstellungen von Arbeit und Tätigsein an die Erwerbsarbeit rückzubinden, konnte sich eine derartige Aufwertung der Arbeit erst vollziehen (Arendt 2007 [1960]; Kocka 2000).

Doch inwieweit Erwerbsarbeit im Kapitalismus tatsächlich ein gutes Leben ermöglicht oder eben doch verhindert, blieb ein Dauerthema soziologischer wie auch philosophischer Überlegungen von Karl Marx (1968 [1844]), Max Weber (2007 [1920]) oder Hannah Arendt (2007 [1960]). Auch heute noch ist diese Frage aktuell und stellt sich gerade unter den Vorzeichen des Wandels der

Erwerbsarbeit immer wieder neu. Mit der Erwerbsarbeit ist nach wie vor das Versprechen auf Integration und soziale Anerkennung verbunden, auch wenn von einer nachlassenden Integrationskraft der Erwerbsarbeitsgesellschaft ausgegangen werden kann (Aulenbacher et al. 2007; Castel 2000).

An der Zunahme prekärer Beschäftigungsverhältnisse offenbart sich das Dilemma solcher nachlassender Integrationskräfte (Castel und Dörre 2009): Die Beschäftigten gehen zwar einer Erwerbsarbeit nach, aber sie erhalten verglichen mit Beschäftigten in Normalarbeitsverhältnissen oft einen geringeren, teilweise nicht existenzsichernden Lohn, sind schlechter abgesichert und erfahren im Betrieb oftmals weniger Anerkennung (Castel und Dörre 2009; Dörre 2006). Zudem verhindert prekäre Beschäftigung, dass man die eigene Zukunft auf Basis eines sicheren Einkommens planen kann. Das Versprechen der Arbeitswelt, sich durch Erwerbsarbeit einen Platz in der Gesellschaft zu sichern und ein gutes Leben aufbauen zu können, wird somit ausgehöhlt.

Auf die Grenzen der Integrationskraft der Erwerbsarbeit wird auch in den Debatten über erweiterte Arbeitsverständnisse hingewiesen. Erweiterte Arbeitsverständnisse kritisieren die Fokussierung auf Erwerbsarbeit und schlagen vor, andere Formen des Arbeitens bzw. Tätigseins wie Sorgearbeit, Freiwilligenarbeit oder Selbstversorgung aufzuwerten, Erwerbsarbeit zeitlich zu reduzieren und so Arbeit konzeptionell breiter zu denken (Littig und Spitzer 2011). Die Überlegungen zu erweiterten Arbeitskonzepten stammen u. a. aus dem Nachhaltigkeits- bzw. Postwachstumsdiskurs, der feministischen Arbeitsforschung oder der Kritik an der Erwerbsarbeit und finden Ausdruck in Modellen wie dem Bedingungslosen Grundeinkommen (Vobruba 2019), der Mischarbeit (Hildebrandt 2004) oder dem New Work- Konzept von Frithjof Bergmann (2008). Die Chance erweiterter Arbeitskonzepte liegt darin, Anerkennungschancen für Menschen zu erhöhen. Auch die Identifikation über Arbeit bzw. den Beruf kann dadurch an Bedeutung verlieren.

2.2   Individueller Sinn der Arbeit – Die Zentralität von Arbeit

Die gesellschaftliche Wichtigkeit, die der Erwerbsarbeit beigemessen wird, beeinflusst auch die individuelle Wichtigkeit von Arbeit, ohne sie zu determinieren. In einer Gesellschaft, die sich so grundlegend über Erwerbsarbeit definiert, entsteht für den Einzelnen die Anforderung, sich positiv zur Erwerbsarbeit zu positionieren und dieser im Leben auch Bedeutung beizumessen. Noch drastischer bringt es Rosa auf den Punkt: „Ich muss arbeiten ist die Antwort, die jede Sinnfrage, jedes Grübeln darüber, was im Leben sinnvoll, bedeutsam, richtig oder wichtig sein könnte, abkürzt und beendet." (Rosa 2016, VIII, 2). Damit verweist Rosa auf die Wirkkraft der Norm der Erwerbsarbeit. Um Anerkennung in Form von sozialer Wertschätzung zu erhalten, ist man auf die erfolgreiche Erwerbsarbeitspartizipation angewiesen (Honneth 2003).

Untersuchungen zeigen, dass entsprechend dieser Norm die Erwerbsarbeit in Deutschland als wichtiger Lebensbereich betrachtet wird. Die individuelle Zentralität der Arbeit, also die Wichtigkeit der Arbeit, wird in verschiedenen Surveys direkt erfragt. Entweder wird die absolute Zentralität erfragt, bei der es nur um die Wichtigkeit von Arbeit im Leben geht, oder die relative Zentralität, bei der es um die Wichtigkeit von Arbeit im Vergleich mit anderen Lebensbereichen wie Familie, Freizeit oder Spiritualität geht (Borchert und Landherr 2007, 2009). Die Studie von Borchert und Landherr (2007) über deutsche Fach- und Führungskräfte offenbart eine hohe absolute Zentralität von 5,87 von 7 Punkten.

Eine Untersuchung der Bertelsmann-Stiftung zeigt, dass auch die relative Zentralität der Arbeit ausgeprägt ist. Arbeit hat mit 34 Punkten von 100 nach der Familie bzw. Partnerschaft (39 Punkte von 100) eine hohe Bedeutung für die Beschäftigten (Gaspar und Hollmann 2015).

Wie die psychologische Sinnforschung zeigt, ist es für die Erfahrung von Lebenssinn wichtig, dass Menschen auf verschiedene Sinnquellen zurückgreifen können (Schnell 2016). Dieser Befund legt nahe, dass eine zu starke Fokussierung auf die Erwerbsarbeit problematisch sein kann. Gerade in Berufen, die mit einem starken Engagement eingehen, wie Pflege, Medizin oder Sozialarbeit zeigt sich die Gefahr, dass Arbeit bei den Beschäftigten einen sehr hohen Stellenwert im Leben einnimmt. Stellen sich dann nicht die erhofften Ergebnisse ein, beispielsweise durch schlechte Rahmenbedingungen bei der Arbeit, versuchen die Beschäftigten, dies durch Mehrarbeit zu kompensieren. Dadurch wird die gesunde Abgrenzung von der Arbeit erschwert. In der Erforschung des Burn-Out Syndroms, welche in diesen Bereichen ihren Anfang nahm, zeigen sich die Zusammenhänge von hoher Motivation, Selbstausbeutung, fehlender Anerkennung und zunehmender Erschöpfung (Burisch 2010). Viele der aktuell im Kontext von Arbeit diskutierten Leiden stammen entsprechend aus der Übergewichtung der Erwerbssphäre, die eine Balancierung der Lebensbereiche erschwert (Voswinkel 2018).

2.3 Sinn in der Arbeit – Erleben von Sinn im Arbeitskontext

Welche Arbeit erleben Beschäftigte als subjektiv sinnvoll? Was macht dieses Sinnerleben aus, und welche Faktoren können das Erleben von Sinn fördern? Die Diskussion um den Sinn in der Arbeit kreist um diese Fragen, die sich unmittelbar mit der subjektiven Erfahrung von Arbeit und ihren strukturellen Voraussetzungen beschäftigen. Erlebte Sinnhaftigkeit in der Arbeit oder Sinnerfüllung entsteht nach Bailey und Madden (2016, S. 55) dann, „wenn ein Individuum eine authentische Verbindung zwischen der Arbeit und seinem umfassenderen transzendenten Lebenssinn jenseits des Selbst wahrnimmt" (eigene Übersetzung). Die Arbeit lässt sich so in die eigene Vorstellung vom Selbst und in die größere Idee des Lebenssinns integrieren. Man weiß also, wofür man arbeitet und erlebt eine Übereinstimmung von eigenen Werten und der Arbeit (Hardering 2017b; Lips-Wiersma et al. 2016).

Sinn in der Arbeit

3

3.1 Strukturzentrierte vs. subjektzentrierte Perspektive

Sinn kann über die Strukturen der Arbeit, aber auch über die Subjektperspektive erschlossen werden. In frühen Studien über sinnvolle Arbeit stand vor allem die Frage im Fokus, welche Arbeitsbedingungen und Formen der Arbeitsorganisation das Erleben von Sinn beeinflussen. Man denke an die Untersuchungen über die Arbeit am Fließband und andere monotone Tätigkeiten, die im Zuge der Industrialisierung aufkamen (Münsterberg 1916). Die Annahme dieser strukturzentrierten Perspektive ist, dass sich die subjektive Wahrnehmung der Arbeit durch die Veränderung objektiver Rahmenbedingungen der Arbeit verändert. Charakteristisch für diese Forschungsperspektive ist das Job-Characteristics-Modell von Hackman und Oldham (1980). In diesem Modell werden Tätigkeitsmerkmale wie die Sinnhaftigkeit der Aufgabe, die Anforderungsvielfalt und die Ganzheitlichkeit als Faktoren definiert, die den Erlebniszustand des Sinnerlebens beeinflussen. Eine solche Perspektive findet sich in der Forschung zur Arbeits- und Aufgabengestaltung, die Rahmenbedingungen für das Sinnerleben, aber auch für Arbeitszufriedenheit oder eine gesundheitsfördernde Tätigkeit identifiziert (Ulich 2011). Ulich nennt die Sinnhaftigkeit der Aufgabe als ein Gestaltungsmerkmal von Arbeit, welches „das Gefühl, an der Erstellung gesellschaftlich nützlicher Produkte beteiligt zu sein" gibt (Ulich 2011, S. 206).

Die Forschung über sinnvolle Arbeit in belastenden Arbeitskontexten zeigte immer wieder, dass Beschäftigte sich auch positiv auf ihre Arbeit beziehen können, wenn sie einseitig und von außen betrachtet als sinnlos erschien. Bereits 1916 beschreibt der deutsch-amerikanische Psychologe und Philosoph Hugo

© Springer Fachmedien Wiesbaden GmbH, ein Teil von Springer Nature 2020   11
F. Hardering, *Sinn in der Arbeit,* essentials,
https://doi.org/10.1007/978-3-658-30816-2_3

Münsterberg dieses Phänomen bei der Erforschung monotoner Arbeit. Er suchte objektiv besonders langweilige Tätigkeiten und bekam von den Beschäftigten die Rückmeldung, dass die Arbeit nicht ausschließlich langweilig sei, sondern immer neue Herausforderungen mit sich bringe. Daran zeigt sich die Fähigkeit, sich auch unter widrigen Bedingungen positiv auf Arbeit zu beziehen. Die Beschäftigten schreiben dann ihrer Tätigkeit eine positive Bedeutung zu und machen die Arbeit so zu einer subjektiv sinnvollen Arbeit. Sie eignen sich ihre Arbeit an (Hardering 2018c; Voswinkel 2015). Diese Zuschreibung von Sinn, die Subjekte leisten, offenbart sich sowohl in älteren und neueren Studien (Ashforth und Kreiner 1999; Hardering 2018c; Isaksen 2000; Senghaas-Knobloch et al. 1997; Volmerg et al. 1986).

Die ältere sozialpsychologische Forschung akzentuiert dabei mehr die Bewältigungsleistung, die in solchen Umdeutungen oder Reframing-Techniken zu sehen ist. Auch die Forschung über *dirty work,* also schmutzige Arbeit, fokussiert darauf, wie Beschäftigte es schaffen, unter erschwerten Bedingungen durchzuhalten (Ashforth und Kreiner 1999).

Ein neuerer Strang der Erforschung von Job Crafting (Berg et al. 2013; Wrzesniewski und Dutton 2001) legt die Aufmerksamkeit nicht auf die Bewältigung negativer Erlebenszustände in der Arbeit, sondern fokussiert auf das grundlegende Bedürfnis von Beschäftigten, sich die Arbeit zu eigen zu machen und eine positive Identität herzustellen (Dutton et al. 2010). Angenommen wird, dass Beschäftigte aus einem inneren Bedürfnis heraus ihre Arbeit umgestalten, sodass sie besser zu ihnen passt. Dies kann durch Veränderung der Aufgaben erfolgen, d. h. man sucht sich neue Tätigkeitsfelder im Rahmen des Jobs, für die man sich interessiert und in denen man gut ist. Eine andere Möglichkeit ist die Gestaltung sozialer Beziehungen, d. h. das Suchen neuer Kontakte oder die Auf-wertung bestehender Kontakte zu Kolleg*innen und Vorgesetzten. Eine weitere Möglichkeit des Job Crafting ist die Veränderung der Wahrnehmung der Arbeit, also die Veränderung der Sichtweise und Bewertung der Arbeit.

Der Unterschied zwischen der Perspektive auf Bewältigung und der Perspektive auf Gestaltung liegt darin, dass mal die Vermeidung negativer Zustände und mal die Fokussierung auf positive Erlebenszustände im Fokus steht. Beide Perspektiven lassen sich als Techniken der Sinnzuschreibung bezeichnen.

Mit diesen subjektiven Fähigkeiten der Sinnzuschreibung zeigt sich, dass die Arbeitsplatzgestaltung und auch die Art des Beschäftigungsverhältnisses zwar einen Einfluss auf das Sinnerleben haben, dieses aber nicht determinieren.

3.2 Sinnerleben trotz widriger Bedingungen

Wie die Forschung zur subjektorientierten Perspektive zeigt, wird Sinn als individuelle Herstellungsleistung gefasst. Die Zuschreibung von Sinn beeinflusst so den Blick auf die Welt und die Bewertung von Veränderungen der Umwelt. Diese Sicht auf Sinn ist auch für Viktor Frankl und Aaron Antonovsky charakteristisch, die sich beide in unterschiedlicher Weise mit dem Thema Sinn befasst haben und auch die Forschung über sinnvolle Arbeit inspiriert haben.

Von Nietzsche ist das Zitat bekannt: „Hat man sein Warum des Lebens, so verträgt man sich fast mit jedem Wie." Viktor Frankl, der Begründer der Logotherapie, hat dieses Zitat in ähnlicher Form aufgegriffen, und es charakterisiert seine Sicht auf Sinn als starke Ressource in schwierigen Zeiten. In seinem berühmtesten Buch „…trotzdem ja zum Leben sagen" (2008), in dem er von seiner Zeit im Konzentrationslager berichtet, wird ein wesentlicher Punkt von Frankls Sinn-Begriff deutlich: Er beschreibt darin, dass es trotz der hoffnungslosen Situation und der inhumanen Bedingungen im Konzentrationslager für ihn möglich war, einen Sinn im Leben zu sehen. Er berichtet, wie er sich vorstellte, nach der Zeit im Lager Vorträge zu halten über das Konzentrationslager und seine Folgen für die Psyche. Und er beobachtete auch bei anderen Lagerinsassen, dass es ihnen half, wenn sie sich das Warum ihres Lebens, ihr Lebensziel, bewusst machten. Darum unterstützte er im Lager andere dabei, sich ihr Warum vor Augen zu führen. Frankl ging von einer Trotzmacht des Geistes und damit von einer Fähigkeit aus, auch hoffnungslosen Situationen Sinn zuschreiben zu können und sich die eigene Möglichkeit der Gestaltung des Lebens nicht nehmen zu lassen.

Diese Widerständigkeit, die heute vielfach unter dem Stichwort der Resilienz erforscht wird, faszinierte auch den israelisch-amerikanischen Medizinsoziologen Aaron Antonovsky (1997). Er erforschte Überlebende aus Konzentrationslagern und stellte fest, dass einige von ihnen trotz der extremen Belastungen psychisch gesund waren. Daraufhin widmete er sich in seiner Forschung der Frage, was Menschen gesund hält. Im Rahmen seiner Überlegungen zur Gesunderhaltung, der Salutogenese, kommt dem Kohärenzgefühl (Sense of Coherence) eine wichtige Rolle zu. Beim Kohärenzsinn handelt es sich um eine generalisierte Widerstandsressource, die sich zusammensetzt aus dem Gefühl von Verstehbarkeit, Handhabbarkeit, und Sinnhaftigkeit. Die Erfahrung des Sense of Coherence sorgt dafür, dass Menschen sich nicht als Opfer wahrnehmen. Sie haben das Gefühl, ihr Handeln dient einem größeren Zweck. Sinnhaftigkeit ist damit ein wichtiger Baustein des Kohärenzgefühls.

So unterschiedlich die Überlegungen von Frankl und Antonovsky im Detail sind, eint sie doch die Annahme, dass die Erfahrung von Sinn unter widrigen Bedingungen gelingen kann, und sie einen Schutzmechanismus darstellt.

3.3   Bausteine des Sinnerlebens

Auch wenn sich die Sinnforschung mit klaren Definitionen schwertut, finden sich in Konzeptualisierungen sinnvoller Arbeit vielfach ähnliche Bausteine des Sinnerlebens. Diese lassen sich zwei grundlegenden Dimensionen, dem Selbst und den Anderen zuordnen (Lips-Wiersma und Wright 2012; Rosso et al. 2010). Der Bezug auf das Selbst steht für alle Aspekte, die mit der persönlichen Weltbeziehung, mit der Identifikation und Authentizität in Verbindung zu bringen sind. Der Bezug auf Andere steht sowohl für das Gefühl von Zugehörigkeit und die Erfahrung von Anerkennung, aber auch für den Wunsch, eine für andere Menschen nützliche Arbeit zu tun und damit auch in einem größeren Sinne einen gesellschaftlichen Beitrag zu leisten.

Ein vielfach aufgegriffenes Modell ist das Rahmenkonzept sinnvoller Arbeit oder auch *The Map of Meaningful Work* von Lips-Wiersma und Kolleg*innen (Lips-Wiersma und Morris 2009, 2018; Lips-Wiersma und Wright 2012), welches vier Dimensionen sinnvoller Arbeit unterscheidet. Selbstintegrität *(integrity with self)* steht für das Gefühl, sich selbst treu zu bleiben, man selbst zu sein und für persönliches Wachstum. Das eigene Potenzial entfalten *(expressing full potential)* steht für die Erfahrung, die eigenen Fähigkeiten einzusetzen, Dinge zu erreichen und wirksam zu sein. Mit Einheit mit anderen *(unity with others)* ist das Gefühl gemeint, Teil einer Gemeinschaft zu sein. Dienst am Anderen *(service to others)* steht für das Gefühl, einen Beitrag für das Wohlbefinden anderer Menschen zu leisten.

Schnell (2016, 2018) geht von einer unmittelbaren Wechselwirkung zwischen Lebenssinn und beruflicher Sinnerfüllung aus. Sie definiert berufliche Sinnerfüllung als „individuelle Erfahrung von Bedeutsamkeit, Orientierung, Kohärenz und Zugehörigkeit im Rahmen der aktuellen Arbeitstätigkeit" (Schnell 2018, S. 14). Bedeutsamkeit bezieht sich auf den subjektiv wie auch von anderen wahrgenommenen Nutzen der Arbeit, Orientierung steht für die Identifikation mit Zielen am Arbeitsplatz, Kohärenz meint die Verbindung von beruflicher Identität und Selbstkonzept und Zugehörigkeit bezieht sich auf das Wissen, Teil einer Gemeinschaft zu sein.

Steger et al. (2012) haben mit dem Work and Meaning Inventory (WAMI) einen der wichtigsten Tests zur Messung sinnvoller Arbeit vorgelegt. Er geht von drei Facetten sinnvoller Arbeit aus. Die *positive Bedeutung der Arbeit* steht für die Erfahrung, dass die eigene Arbeit eine persönliche Bedeutung hat und dass man selbst die Arbeit als sinnvoll bewertet. *Sinn stiften durch Arbeit* steht für die Erfahrung, dass man durch die Arbeit zum eigenen Lebenssinn beiträgt. Dies kann bedeuten, dass die Arbeit einem hilft zu verstehen, wer man ist oder das persönliche Wachstum fördert. Die Gemeinwohl-Motivation bezieht sich auf das Gefühl, einen wichtigen Unterschied in der Welt zu machen und einem größeren Zweck zu dienen.

In einer eigenen Untersuchung (Hardering 2017b) über das Sinnerleben im Arbeitskontext mit hochqualifizierten Beschäftigten, mit Ärztinnen und Ärzten an Universitätskliniken und Sozialarbeiter*innen zeigten sich drei Erfahrungsquellen sinnvoller Arbeit. Erstens *In der Arbeit gut und wirksam sein,* also das Gefühl zu haben, ein gutes Arbeitsergebnis hervorgebracht zu haben, auf das man stolz sein kann. Zweitens die *Erzeugung sichtbarer Ergebnisse mit einem größeren Nutzen,* die sich durch das Gefühl auszeichnet, klare Ergebnisse zu erkennen und darin die Umsetzung sozial geteilter Werte entdecken zu können. Die dritte Erfahrungsquelle ist Anerkennung, also das Gefühl, dass die Arbeit durch Andere Wertschätzung erfährt. Sobald andere Menschen ihre Dankbarkeit ausdrücken und positives Feedback geben, ob Kolleg*innen oder Patient*innen oder Klient*innen, erzeugt dies das Gefühl, einer sinnvollen Tätigkeit nachzugehen. In der Studie zeigt sich somit ebenfalls der Bezug auf das Selbst in Form von Selbstwirksamkeit und auf Andere, wenn es um Anerkennung oder um die Ergebnisse für andere geht.

In den Untersuchungen finden sich ähnliche Kategorien, die begrifflich unterschiedlich gefasst sind. Auf der Grundlage der genannten Studien lassen sich zentrale Schlüsselkategorien sinnvoller Arbeit identifizieren: die Bedeutsamkeit der Arbeit, Authentizität, die Entfaltung eigener Potenziale und Zugehörigkeit.

Die Bedeutsamkeit der Arbeit

Die Bedeutsamkeit der Arbeit ist eine der wichtigsten Kategorien für das Verständnis sinnvoller Arbeit. Mit der Bedeutsamkeit der Arbeit ist die Bedeutung oder der Nutzen der Arbeit gemeint – also das, warum man die Arbeit tut. Sie ist das, wofür man sich mit der Arbeit einsetzen möchte und daher häufig auch der Grund für die Berufswahl (Schnell 2016).

Der Psychologe Adam Grant beschreibt in seinem Buch „Geben und Nehmen" (2016) folgende Begebenheit: Er wurde vom Chef des universitätseigenen Callcenters beauftragt, die Motivation der Mitarbeiter zu fördern. Die Callcenter-Mitarbeiter hatten die Aufgabe, Spenden von ehemaligen Absolventen der Hochschule einzusammeln. Doch die Ablehnungsrate betrug 90 % und viele der Mitarbeitenden standen kurz vor dem Burn-Out. Grant suchte nach Hinweisen für die hohe Ablehnungsrate und fand heraus, dass sich die Mitarbeiter nicht gewürdigt fühlten. Besonders diejenigen Mitarbeiter, die gerne etwas geben wollten und nicht so sehr durch das Gehalt motiviert wurden, hatten das Gefühl, keine Rückmeldung zu bekommen. Grant sorgte dafür, dass bei der nächsten Weiterbildungseinheit Briefe von Studierenden vorgelesen wurden, die ihr Stipendium durch die Arbeit der Callcenter-Mitarbeiter bekommen konnten. In diesen Briefen schilderten die Stipendiaten ihre Dankbarkeit und welche Chancen sie nun mit dem Stipendium hatten. Nach dem Verlesen der Briefe stieg die Erfolgsquote der Callcenter-Mitarbeiter. Grant entschied sich, Stipendiaten in das Callcenter einzuladen. Daraufhin zeigten sich beeindruckende Effekte: Die Zahl der Anrufe wurde massiv gesteigert und auch die eingeworbenen Summen stiegen enorm.

Was war passiert? Die Arbeit im Callcenter hatte sich nach dem Besuch nicht verändert, die Rahmenbedingungen waren gleich und auch nach dem Ereignis war von den Studierenden eine hohe Frustrationstoleranz gefordert. Sie engagierten sich trotzdem mehr, weil sie unmittelbar das Ergebnis ihrer Arbeit für andere Menschen sehen konnten. Wenn die Mitarbeitenden vorher Geld einwarben, ging das Geld direkt in die Stipendien, und niemand wusste genau, wer nun Geld erhielt und welche Veränderungen dadurch im Leben der Stipendiaten angestoßen wurden. Durch ihre Arbeit, das machte der Besuch der Stipendiaten deutlich, können Lebenswege positiv beeinflusst werden.

Zu wissen, warum man etwas tut, und welchen Nutzen die eigene Arbeit für andere hat, ist eine enorme Quelle der Motivation. Für das Gefühl, dass die Arbeit sinnvoll ist, ist das Wissen um den eigenen Beitrag für das Wohl anderer der vielleicht wichtigste Einflussfaktor. Wie auch beim Lebenssinn gilt hier, dass ein starkes Warum über Belastungen und Enttäuschungen hinweghilft. Am Beispiel von Grants Experiment zeigt sich, dass die unmittelbare Rückkopplung mit dem Hilfeempfänger das Gefühl der Bedeutsamkeit der Arbeit bestärkt. Deshalb sind auch Momente des Kontakts zwischen Hilfeempfängern und den Helfenden so elementar. In diesen Momenten sind die Helfenden unmittelbar mit den positiven Ergebnissen ihrer Arbeit konfrontiert. Vielfach sind das auch die Momente, in denen sie ein positives Feedback bekommen oder durch andere Formen die Dankbarkeit der Hilfeempfänger erfahren. Diese Momente der Anerkennung wirken als Ressourcen und helfen auch dann, wenn die Arbeit wieder belastend oder frustrierend ist.

Authentizität und persönliches Wachstum

Authentizität und persönliches Wachstum stehen für den Wunsch, man selbst sein zu können, sich nicht verstellen zu müssen, und sich in die Richtung weiterzuentwickeln, die man als stimmig erachtet und so den eigenen Werten in der Arbeit folgen zu können. Wer dauerhaft in der Arbeit Wertekonflikte erlebt und Dinge tun muss, hinter denen sie oder er nicht steht, gefährdet dadurch nicht nur die eigene Integrität, sondern auch die eigene Gesundheit. Der Wunsch nach Authentizität in der Arbeit oder nach einer Arbeit, die zu einem passt, klingt simpel. Doch ist Authentizität in der modernen Arbeitswelt ein knappes Gut, da mit jeder beruflichen Rollenerwartung ein bestimmtes Set von Verhaltensweisen erwartet wird. Zudem existiert paradoxerweise in der Arbeitswelt die Erwartung, dass man authentisch ist und leidenschaftlich seiner Arbeit nachgeht. Diese Erwartungen, welche die Subjektivierungsform des unternehmerischen Selbst charakterisieren (Bröckling 2007), können für Beschäftigte zu einer Belastung werden. Denn erwartet wird nicht wirkliche Authentizität, sondern vielmehr die Passung zur Rolle des Ideal-Beschäftigten.

Auch wenn für Beschäftigte die Erwartung an Authentizität oder die Passung zum Job wichtig ist, findet sie sich eher selten. Schnell et al. (2013) konnten zeigen, dass lediglich 14 % der Beschäftigten von einer hohen Passung berichten. 62 % gaben an, dass die Arbeit mehr oder weniger gut zu ihnen passt. Die fehlende Passung kann sich sowohl als Überforderung oder Unterforderung zeigen, vielfach geht es aber um Fehlbelastungen oder illegitime Aufgaben (Semmer et al. 2013). Illegitime Aufgaben sind solche, die als unnötig oder unzumutbar empfunden werden. Gerade in der heutigen Arbeitswelt, in der auch im Kontext von Digitalisierungsprozessen immer mehr dokumentiert werden muss und neben der praktischen Arbeit in zahlreichen Berufen immer mehr Bürokratie zu bewältigen ist, ist das Leiden an solchen Fehlbelastungen groß. Auch der Wunsch nach persönlichem Wachstum in der Arbeit wird dann nicht erfüllt.

Das eigene Potenzial entfalten

Menschen erfahren ihre Arbeit als sinnvoll, wenn sie ihre Fähigkeiten und Talente in der Arbeit zur Entfaltung bringen können. Wer erlebt, dass die eigene Arbeit gelingt, so wie sie gelingen soll, hat das Gefühl an der richtigen Stelle zu sein. Die eigenen Fähigkeiten werden gebraucht, es gibt eine Anforderung, die der eigenen Leistungsfähigkeit entspricht, und die Arbeit scheint wie auf einen zugeschnitten zu sein. Dieses Gefühl kann entstehen, wenn man eine besondere Fähigkeit zum

Einsatz gebracht hat. Es kann aber auch dann wirksam werden, wenn man durch Erfahrung und Routine schlichtweg gut in dem ist, was man tut. Die Ärztin kann ihr Potenzial abrufen, wenn sie als Expertin für einen neurochirurgischen Eingriff genau in ihrem Spezialgebiet arbeiten kann und wenn die Rahmenbedingungen der Operation gut sind. Ebenso kann ein Bandarbeiter durch jahrelanges Erfahrungswissen Kniffe und Strategien haben, wie man die Handgriffe schnell und präzise ausführt. Man möchte in seiner Arbeit wirksam sein und die Arbeit mit einer guten Qualität ausführen. Wer die Ziele seiner Arbeit erreicht, hat das Gefühl, mit der eigenen Arbeit auf dem richtigen Weg zu sein.

Verbunden mit dem Eindruck, die Arbeit gut zu machen und seine Fähigkeiten einzusetzen ist oftmals das Gefühl, welches von Mihály Csíkszentmihályi (2014) als Flow bezeichnet wird. Csíkszentmihályi versteht darunter den Zustand, der entsteht, wenn man bei einer Tätigkeit aufgeht und sich voll und ganz dieser Aufgabe widmet. Wenn man sich solchen herausfordernden Aufgaben stellt, die man gut bewältigen kann, kann eine optimale Erfahrung entstehen, in der nichts anderes als die jeweilige Aufgabe von Bedeutung ist – und man durch die Arbeit an der Herausforderung glücklich ist. Csíkszentmihályi (2014, S. 20) definiert den Flow folgendermaßen: „Als flow beschreiben Menschen ihren seelischen Zustand in Augenblicken, wenn das Bewusstsein harmonisch geordnet ist und sie etwas um der Sache selbst willen tun". Sich im eigenen Kompetenzradius zu bewegen, führt damit zu einer hohen Zufriedenheit und einem guten Ergebnis.

Das eigene Potenzial entfalten bedeutet aber nicht nur, die eigenen Fähigkeiten anzuwenden, sondern sie auch durch Übung und neue Herausforderungen zu erweitern. Für Lips-Wiersma und Morris (2018) umfasst die Entfaltung eigener Potenziale das Schaffen bzw. Kreieren neuer Dinge, also die Nutzung der eigenen Kreativität, das Erreichen von Zielen und das Inspirieren anderer Leute – sei es dadurch, dass man als Vorbild wirken möchte, andere Menschen begeistern will oder auf andere Sichtweisen auf das Leben hinweisen möchte.

Zugehörigkeit

Das Gefühl, gebraucht zu werden und zu einer Gruppe dazuzugehören, ist ebenfalls elementar für das Erleben von Sinn im Arbeitskontext. Sich als Teil einer größeren Gemeinschaft zu verstehen, sei es das unmittelbare Arbeitsteam bzw. die unmittelbaren Kolleginnen und Kollegen, die Organisationseinheit oder die Berufsgruppe, ermöglicht ein Gefühl von Verbundenheit. Man hat das Gefühl, gemeinsam an einer größeren Aufgabe beteiligt zu sein und erlebt auch durch die Anerkennung der anderen Selbstwirksamkeit. Lips-Wiersma und Morris (2018) berichten, dass Zugehörigkeit erfahren wird, wenn Beschäftigte Wärme, Akzeptanz, gemeinsames Feiern, Gemeinschaft und Großzügigkeit erleben. Entscheidend für das Gefühl von Zugehörigkeit ist nicht die Menge, sondern vor allem die Tiefe der erlebten Beziehungen im Arbeitskontext.

Die Bedeutung von Zugehörigkeit zeigt sich deutlich in Befragungen, in denen das positive Betriebsklima und das gute Verhältnis der Kolleginnen und Kollegen untereinander wie auch zu den Vorgesetzten von Beschäftigten als wichtig wahrgenommen werden. Die Relevanz der Zugehörigkeit offenbart sich auch in qualitativen Studien: So berichten Beschäftigte in ganz verschiedenen Kontexten davon, dass der soziale Zusammenhalt in der Arbeitswelt abgenommen hat (Festl 2014). Festl geht davon aus, dass sich die Beziehungen in der Arbeit von der solidarischen Gemeinschaft immer stärker in Richtung einer instrumentellen Assoziation verschieben. Während in der Vergangenheit eine Balance zwischen der Sicht auf Arbeit als solidarische Gemeinschaft und der Sicht auf den individuellen Nutzen des Gelderwerbs bestand, würden Beschäftigte nun die Arbeit immer stärker als Ort des Geldverdienens betrachten und so die Arbeit als Mittel zu diesem Zweck sehen. Er spricht auf dieser Basis von einer Entfremdung von sozialen Kontakten. In unserer Studie (Hardering 2017) ließen sich ähnliche Effekte beobachten. Besonders die Ärztinnen und Ärzte berichteten über einen schlechteren kollegialen Zusammenhalt als in der Vergangenheit. Einer der interviewten Ärzte bringt es auf den Punkt: „Die Arbeit hat aufgehört, gesellig zu sein". Fehlende oder eingeschränkte Erfahrungen der Zugehörigkeit können so auch in Kontexten, in denen die Arbeit als wichtig und wertvoll betrachtet wird, das Sinnerleben mindern. In der Untersuchung über Sozialunternehmer*innen (Hardering 2018b) zeigte sich, dass das Selbstverständnis als Sozialunternehmer*in ein starkes Identifikationspotenzial bietet. Trotz der Konkurrenz im Feld fühlten sich die Gründer*innen sozialer Unternehmen als Teil einer größeren Gemeinschaft, welche die Welt in einem positiven Sinne verändern möchte.

Die Zugehörigkeit spielt nicht nur im Kontext von Erwerbsarbeit, sondern besonders in der Freiwilligenarbeit eine entscheidende Rolle, denn hier ist neben der Wichtigkeit der Aufgabe für andere vor allem das Gefühl, Teil einer Community zu sein, ein wichtiger Motivator.

Sinnerleben in der digitalen Arbeitswelt 4

Die digitale Transformation der Arbeit, die unter den Stichworten „Arbeit 4.0" oder „Industrie 4.0" diskutiert wird, hat sich in den letzten Jahren zu einem zentralen Feld der Arbeitsforschung entwickelt (Hirsch-Kreinsen et al. 2018; Jürgens et al. 2017). Zwar beschäftigt sich die Arbeitsforschung schon viele Jahrzehnte mit neuen digitalen Technologien, man denke an die Einführung der elektronischen Datenverarbeitung oder das verstärkte Aufkommen von Informations- und Kommunikations-Technologien (IuK-Technologien).[1] Mit der Beschleunigung der Entwicklungen sowie dem vermehrten Einsatz Cyber-physischer Systeme wird nunmehr von einem weiteren Digitalisierungsschub gesprochen (Hirsch-Kreinsen et al. 2018).

In der Arbeitsforschung werden die Folgen der Digitalisierung kontrovers diskutiert. Eine vielfach aufgegriffene Annahme ist die These eines digitalen Taylorismus, wonach durch digitale Technologien neue digitalbasierte Kontrollmechanismen genutzt werden können, die die Autonomiespielräume der Beschäftigten einengen (Staab und Nachtwey 2016). Beispiele hierfür sind die Lagerarbeitenden bei Amazon, deren Handscanner auch die Leistung der Beschäftigten überwachen, oder Beschäftigte bei Essens-Lieferdiensten, deren Fahrgeschwindigkeit durch die App des Lieferdienstes überwacht wird. In der These des digitalen Taylorismus wird so die Gefahr einer Wiederkehr oder Radikalisierung tayloristischer Prinzipien vermutet, die letztlich die Arbeitsqualität für die Beschäftigten verschlechtert und Fortschritte der Mitarbeiterführung der letzten Dekaden zunichte macht.

---

[1]Diese Phänomene wurden in der Arbeitssoziologie lange Zeit unter dem Stichwort der „Informatisierung von Arbeit" gefasst, während seit Anfang der 2010er Jahre vermehrt von der „Digitalisierung von Arbeit" gesprochen wird (Kleemann et al. 2019).

Als Konsequenz wird im Anschluss an die These des digitalen Taylorismus davon ausgegangen, dass die Digitalisierung von Arbeit zu einem neuen Sinnverlust der Arbeit führen kann. So wird vermutet, dass sich durch neue Technologien die Aufgabenzuschnitte verändern und Tätigkeiten an Komplexität verlieren können. Auch kann sich die Arbeit als sozialer Ort durch digitale Technologien verändern, wenn die Interaktion stärker durch digitale Endgeräte erfolgt und der persönliche Kontakt reduziert wird.

Auch wenn die Reichweite der These des digitalen Taylorismus umstritten ist, weil solche Phänomene lediglich in Teilbereichen geringqualifizierter Arbeit auftreten und auf viele Bereiche der Arbeitswelt nicht anwendbar sind, werden doch die Konsequenzen einer neuen Form der Überwachung und Fragmentierung für das Sinnerleben hinterfragt.

Neben diesen neueren Phänomenen hat die Digitalisierung der Arbeit aber auch zu einer Verschärfung bestehender Tendenzen wie der Belastungszunahme beigetragen. Auch die Zunahme von Stress und Leistungsdruck, die schon seit vielen Jahren erforscht werden, hängen mit dem Bedeutungsgewinn von IuK-Technologien zusammen. So ist auch die Vermarktlichung, also die Hereinnahme von Marktmechanismen in Organisationen, nicht ohne Systeme der digitalen Kontrolle von Kennzahlen und des permanenten Vergleiches zu denken. Die Herausforderungen der digitalen Arbeit offenbaren sich somit bereits lange bevor unter dem Stichwort der Digitalisierung von Arbeit geforscht wurde.

Aktuell zeigen Untersuchungen, dass gerade in Bereichen, in denen intensiv digitale Technologien genutzt werden, die Arbeitsbelastungen als besonders hoch gelten (DGB-Index Gute Arbeit 2017). Zudem kann digitaler Stress (Gimpel et al. 2018) auftreten, der entsteht, wenn die Beschäftigten sich durch neue Technologien überfordert fühlen und keinen angemessenen Umgang mit den neuen Geräten finden. Die Folge von digitalem Stress können gesundheitliche Beschwerden sein; ebenfalls können aber auch Konflikte zwischen dem Arbeits- und Privatleben verstärkt werden. Auch diese Tendenzen der Stress- und Belastungszunahme, mit denen die Arbeitswelt 4.0 Beschäftigte konfrontiert, können sich auf das Sinnerleben auswirken.

Welche Befunde gibt es nun aktuell zum Sinnerleben im Kontext digitaler Arbeit? Hier ist anzumerken, dass die Studienlage aktuell noch sehr dünn ist und nur vereinzelte Untersuchungen sich ausführlicher mit dem Sinn in der Arbeit beschäftigen (Eisenmann und Wienzek 2018; Stein et al. 2018; Symon und Whiting 2019; Kost et al. 2018; für einen Überlick siehe Hardering *i.E.*).

Was in den unterschiedlichen Studien gezeigt wird, ist die je anders gelagerte Bedeutung von Technologien im Arbeitskontext für das Sinnerleben.

In einer Studie von Stein et al. (2018) über datification work von Hochschulbeschäftigten wird der Einfluss der Datafizierung auf das Sinnerleben untersucht. Die Autor*innen zeigen, dass datification work ambivalente Wirkungen auf das Sinnerleben haben kann: So kann sie das Sinnerleben mindern, wenn die Arbeit als Überwachung wahrgenommen wird und die Beschäftigten das Gefühl haben, dass die Technologie starr ist und ihre Leistungen nicht adäquat abbilden kann. Hingegen kann sie auch den Professionellen dabei helfen, Erfolge und Leistungen sichtbar zu machen und so helfen, den Wert der Arbeit zu verdeutlichen. Es hängt somit maßgeblich von der Gestaltung der digitalen Technologien ab, inwieweit sie das Sinnerleben fördern können oder zu der Erfahrung des Sinnverlustes beitragen können.

Die Studie von Kost et al. (2018) untersucht Microworker bei Amazon Mechanical Turk und fragt danach, wie diese Sinn konstruieren. Die Autor*innen identifizieren verschiedene Sinnquellen, welche die Beschäftigten in Microwork erleben: Belohnungen, wozu beispielsweise das Gehalt oder Autonomie zählen, Selbstverbesserung, womit die Möglichkeiten gemeint sind, eigene Fähigkeiten einzusetzen und diese weiterzuentwickeln, soziale Aspekte, worunter der Nutzen ihrer Arbeit für andere gefasst wird und moralische Aspekte, mit denen auf den wahrgenommenen Einfluss der Arbeit für die Gesellschaft abgestellt wird. Weiterhin zeigen Kost et al., dass auch wenn Microwork von einigen Interviewten generell als sinnlos beschrieben wird, sie doch einzelne Tätigkeiten als sinnvoll betrachten. Da die Studie an die humanistische Tradition der Sinnforschung anknüpft, legt sie somit ihren Fokus auf die subjektiven Deutungsleistungen und weniger auf das Wechselspiel mit der konkreten Technik.

Anhand dieser Studien deutet sich an, dass generalisierende Aussagen über das Wechselspiel von digitaler Technologie und Sinnerleben nicht zielführend sind. Was sich allerdings bereits an den wenigen Studien zeigt, sind die Parallelen zur Erforschung von Sinnerleben im Arbeitskontext, in denen die individuelle Wahrnehmung und Bewertung der Arbeit und besonders das Gefühl von Autonomie eine wichtige Rolle spielen. Für die Interpretation der Ergebnisse ist zudem im Blick zu halten, welcher Forschungsperspektive auf das Sinnerleben die jeweiligen Studien folgen.

Neue Ansprüche an den Sinn? Sinn und die Generation Y

Ein in den Medien vielfach aufgegriffenes Thema ist die Frage, inwieweit nachrückende Generationen wie die Generation Y oder die Generation Z veränderte Ansprüche an das Sinnerleben haben. Besonders für die Generation Y wird vermutet, dass sie sich durch ein neues Arbeitsverständnis auszeichnet und andere Anforderungen an ihre Arbeitgeber stellt. Bei dieser Gruppe, die auch als Millenials oder Digital Natives bezeichnet werden, handelt es sich um zwischen 1980 und 2000 Geborene, die bereits mit digitalen Medien aufgewachsen sind. Angenommen wird, dass sie Arbeit und Privatleben anders gewichten als frühere Generationen und ihnen Autonomie wichtig ist. Zudem wird argumentiert, dass ihnen das Warum ihrer Arbeit wichtig ist und sie höhere Erwartungen an eine sinnerfüllte Arbeit haben. Hurrelmann und Albrecht (2014, S. 8) sprechen gar davon, dass die „Frage nach dem Sinn" die Generation charakterisiere. Doch inwieweit lässt sich diese These einer stärkeren Orientierung am Sinn empirisch bestätigen? Und was wird genau unter einem stärkeren Wunsch nach mehr Sinn in der Arbeit verstanden?[1]

Ein Blick auf den Forschungsstand offenbart, dass die Veröffentlichungen zu diesem Thema eine sehr unterschiedliche Qualität aufweisen. Neben wissenschaftlichen Publikationen finden sich viele Beiträge von Beratungsunternehmen. Die insgesamt schwache Forschungslage ist nicht zuletzt auf Vorbehalte gegenüber dem Konzept der Generation zurückzuführen. Kritisiert wird vor allem, dass die Definition und Abgrenzung einzelner Generationen problematisch ist. So ist es einerseits schwierig, Generationen klare Zeithorizonte zuzuordnen, andererseits sind auch die Unterschiede innerhalb von einzelnen Generationen so groß,

---

[1]Siehe zu diesem Thema ausführlich Hardering (2018a).

© Springer Fachmedien Wiesbaden GmbH, ein Teil von Springer Nature 2020
F. Hardering, *Sinn in der Arbeit*, essentials,
https://doi.org/10.1007/978-3-658-30816-2_5

dass eine Verallgemeinerung hinsichtlich Wertorientierungen schwierig ist (Pfeil 2016). Die vereinzelten Studien zu Sinnansprüchen der Generation Y bieten dennoch interessante Einblicke.

So zeigt eine Untersuchung von Weeks und Schaffert (2017), dass verschiedene Generationen negative Annahmen über das Bedürfnis nach Sinn anderer Generationen haben. Unterstellt wird den anderen Generationen, dass diese primär für Geld arbeiten. Diese Annahme hat die Generation Y über die Babyboomer und die Traditionalisten. Ebenfalls vermuten die Babyboomer, dass nachfolgende Generationen wie die Generation X und die Generation Y primär für Geld arbeiten und ihnen der Sinn der Arbeit weniger wichtig ist. Die Studie zeigt, dass unterschiedliche Generationsmitglieder durchaus starke Annahmen über jeweils andere Generationen haben. Dieser Befund lässt sich auch als Erklärung dafür heranziehen, dass die unterschiedlichen Bedürfnisse verschiedener Generationen an Arbeit so intensiv diskutiert werden.

Neben diesem Befund kommen verschiedene Studien zu dem Schluss, dass die Arbeitsorientierungen der Generation Y durch eine hohe Sicherheitsorientierung charakterisiert sind (Albert et al. 2015; DGB 2015; Guillot-Soulez und Soulez 2014). Diese Sicherheitsorientierung wird vielfach mit der unsicheren Arbeitswelt in Verbindung gebracht, mit der die Generation Y konfrontiert ist. Anders als die Babyboomer ist die Generation Y in einen Arbeitsmarkt mit zahlreichen unsicheren und befristeten Beschäftigungsverhältnissen eingetreten. Weiterhin zeigt sich für die Generation Y, verglichen mit früheren Generationen, eine geringere Wichtigkeit der Arbeit im Leben (Twenge et al. 2012). Besonders wichtig ist der Generation Y eine gute Work-Life-Balance (Hansen und Leuty 2012). Damit zeigt sich, dass die Generatin Y besonders jenseits der Erwerbsarbeit nach Sinn sucht und ihr die Passung von Arbeit und Leben wichtig ist.

Mit Blick auf den Wunsch nach mehr Sinn in der Arbeit zeigt sich, dass intrinsische Arbeitswerte verglichen mit vorherigen Generationen leicht abgenommen haben. Zudem deutet die Untersuchung von Weeks und Schaffert (2017) darauf hin, dass es nur geringe Differenzen zwischen den Generationen hinsichtlich der Ansprüche auf Sinn in der Arbeit gibt. Daher folgern Twenge et al. (2010, S. 1.134), „dass jüngere Generationen nicht notwendigerweise nach Sinn in der Arbeit suchen". Auf der Basis dieser Untersuchungen lässt sich folgern, dass die Unterschiede zwischen den Generationen geringer ausfallen, als es die öffentliche Diskussion nahelegt. Weiterhin lässt sich ein klarer Trend nachrückender Generationen zu stärkeren Orientierungen nach mehr Sinn in der Arbeit nicht belegen. Auch der Wunsch der Generation Y nach einer als sinnhaft empfundenen Aufgabe ist nicht stärker ausgeprägt als in vorherigen

Generationen. Vielmehr findet sich dieser Wunsch bei Beschäftigten verschiedener Generationszugehörigkeiten.

Wie lassen sich Spannungen in Organisationen, die sich an der Generationenfrage entzünden, abfedern? Die Studie von Weeks und Schaffert (2017) legt nahe, die soziale Funktion stereotyper Vorstellungen von Generationen ernst zu nehmen: Wenn Angehörige unterschiedlicher Generationen negative Vorstellungen über andere Gruppen haben, können Seminare und Weiterbildungen dazu dienen, ein besseres Verständnis über die anderen Generationen zu erlangen. Dabei können Gemeinsamkeiten und Unterschiede aufgezeigt werden und es kann für die Problematik stereotypisierender Generationenvorstellungen sensibilisiert werden.

Sinnkrisen der Arbeitswelt? Krisenerzählungen und empirische Befunde

„Leben, das Sinn hätte, fragt nicht danach", formulierte Adorno und nennt damit einen Gemeinplatz der Sinnforschung: Sinn wird immer dann zum Thema, wenn er in der Krise ist. Ein Grund für das neue Interesse am Thema Sinn und Sinnerleben in der Arbeitswelt kann diesem Gedanken folgend darin gesehen werden, dass wir es gegenwärtig mit einer Sinnkrise der Arbeit zu tun haben. Die Beschreibungen einer Krise des Sinns der Arbeit kommen aus unterschiedlichen Richtungen, und wichtige Akteure in der Debatte sind neben der Fachcommunity die Digital- und Printmedien, die das Thema aufgreifen. Auch die diskutierten Themen sind vielfältig, sie reichen von einer beruflichen Orientierungskrise in der Lebensmitte über die neue Angst davor, durch die Digitalisierung der Arbeitswelt überflüssig zu werden. Die Vielfalt der Krisennarrative ist groß[1], es lassen sich aber besonders drei Krisenerzählungen herausschälen. Diese treten selten in Reinform auf, sondern sind vielfach eng miteinander verflochten:

Persönliche Sinnkrise in der Arbeitswelt: Die vielfach von den Medien aufgegriffenen Geschichten und Erzählungen von Beschäftigten, die im Laufe ihrer Berufsbiografie in eine Sinnkrise geraten, weisen häufig eine ähnliche Struktur auf (Hardering 2017a). Im Zuge einer persönlichen Krise, die mit Unzufriedenheit im Arbeitskontext oder aber mit einem persönlichen Schicksalsschlag einhergeht, wird die ursprüngliche Berufswahl überdacht und eigene Wünsche und Ziele des Berufslebens hinterfragt. Hier stellt sich vielfach heraus, dass die ursprünglich verfolgten Ziele nicht länger mit den aktuellen Bedürfnissen übereinstimmen und es kommt zu einer Auszeit oder dem Wechsel des Berufes.

---

[1]Zu erwähnen sind hier auch die Krisendiskurse, die in der Arbeitssoziologie selbst geführt wurden, siehe Hardering und Will-Zocholl (2015).

© Springer Fachmedien Wiesbaden GmbH, ein Teil von Springer Nature 2020
F. Hardering, *Sinn in der Arbeit,* essentials,
https://doi.org/10.1007/978-3-658-30816-2_6

Viele solcher ähnlich gelagerten Erzählungen zeigten sich auch in einer eigenen Untersuchung über Jobwechsler*innen (Hardering 2014; Hardering und Lenz 2017). Solche Berichte individueller Sinnkrisen der Erwerbsbiografie sind soziologisch insofern interessant, als sie ein bestimmtes spätmodernes Erzählnarrativ der Selbstverwirklichung reproduzieren, welches sich erst in modernen Gesellschaften seit der Mitte des 20. Jahrhunderts entwickeln konnte. Zugespitzt könnte man sagen, dass in diesen Erzählungen das Leiden dadurch entsteht, dass der Wunsch nach beruflicher Selbstverwirklichung nicht umgesetzt werden kann. Es handelt sich somit um Krisen des Lebenssinns, die sich auch auf den Bereich der Arbeit erstrecken.

Veränderte Belastungen und Sinnverlust in der Arbeit: Ein Krisennarrativ, welches oben bereits beschrieben wurde, bezieht sich auf die Veränderung von Arbeitsbedingungen und ein sich dadurch veränderndes Arbeitserleben: Weil Arbeit heutzutage anders organisiert und dadurch kurzfristiger, stressiger und psychisch belastender ist, fällt es Beschäftigten schwer, ihre Arbeit als sinnvoll zu erleben. Diese Debatte ist eng mit der Diskussion über die Zunahme psychischer Erkrankungen verknüpft, insofern als die Erfahrung fehlenden Arbeitssinns von einigen Autoren als Vorbote von Depression oder eines Burnouts genannt wird (Kämpf 2015; Rosa 2012, 2016). Das Leiden wird dann ganz im Sinne der Burnout-Forschung in einem Missverhältnis der eigenen Wichtigkeit der Arbeit, eigenen Qualitätsansprüchen und der Umsetzbarkeit dieser Qualitätsansprüche verortet: Wenn also eine Sozialarbeiterin ihre Tätigkeit als wichtig und bedeutsam betrachtet, aber gleichzeitig merkt, dass unter den Bedingungen des Effizienzstrebens sie ihre Arbeit nicht mehr adäquat ausführen kann und zu wenig Zeit hat, mit ihren Klientinnen zu kommunizieren, kann das zur Erfahrung des Sinnverlustes führen. In diesem Narrativ sind Veränderungen auf struktureller Ebene, also Veränderungen der Arbeitsbedingungen und Arbeitsorganisation, mit einer subjektiven Erfahrung gekoppelt. Wie sich allerdings zeigt, führen solche Veränderungen der Arbeit mitnichten unmittelbar zu der Erfahrung des Sinnverlustes. Vielmehr lassen sich unterschiedliche Bemühungen des Umgangs mit den veränderten Bedingungen sowie unterschiedliche Formen der Aneignung von Arbeit ausmachen (Hardering und Will-Zocholl 2020). Konzeptionell lassen sich die Veränderungen der Arbeitswelt als Blockaden des Sinnerlebens fassen.

Krise der gesellschaftlichen Wertschätzung gesellschaftlich sinnvoller Arbeit: Die Debatte um Bullshit-Jobs, die bereits 2013 mit dem Artikel von David Graeber begann, nahm 2018 mit der Veröffentlichung seines Buches *Bullshit Jobs: Vom wahren Sinn der Arbeit* neuen Schwung auf. Graebers These besagt, dass es heute eine Vielzahl von Tätigkeiten gibt, die unnötig sind, und deren Existenz nicht einmal diejenigen rechtfertigen können, die den Job ausführen. Er vermutet, dass diese Jobs existieren, damit Gefährdungen durch zu glückliche Menschen mit zu viel Freiheit vermieden werden können und die Gesellschaftsstruktur aufrechterhalten werden kann. Graebers Buch ist intensiv besprochen und besonders aufgrund der unzureichenden Methodik kritisiert worden. Trotz aller methodischer Schwächen benennt Graeber eine Krisenproblematik, der sonst wenig Aufmerksamkeit geschenkt wird, nämlich eine Krise der gesellschaftlich sinnvollen Verteilung von Arbeit und eine Krise der Wertschätzung gesellschaftlich sinnvoller Arbeit. Dazu gehört nicht nur, dass es möglicherweise unsinnige Jobs oder gar schädliche Jobs gibt, ohne die die Gesellschaft gut auskommen würde, sondern auch, dass sozial wichtige Tätigkeiten vielfach schlecht entlohnt werden und darüber hinaus nur eine geringe Anerkennung erfahren. Man denke nur an die Pfleger*innen oder Sozialarbeiter*innen, die seit Jahren um die Aufwertung sozialer Berufe kämpfen. Die Frage nach dem Nutzen von Tätigkeiten und Berufen sowie der angemessenen Verteilung von Arbeit ist somit sicherlich eine, der in Zukunft weiterhin Aufmerksamkeit zu schenken ist und die ein krisenhaftes Moment der gegenwärtigen Arbeitswelt beschreibt.

Die drei hier genannten Krisennarrative beziehen sich je auf andere Gegenstände: Die erste Krisenerzählung schließt an persönlichen Erfahrungen und der Diskrepanz zwischen Erwartungen und der Realität an. Die zweite Erzählung nimmt überwiegend ihren Ausgang bei der Veränderung von Organisationen und die dritte Erzählung beschreibt ein Problem auf gesellschaftlicher Ebene, nämlich der Organisation von Arbeitsteilung und der Strukturierung sozialer Wertschätzung. Doch inwieweit sind diese Erzählungen von der Sinnkrise plausibel? Handelt es sich dabei lediglich um dramatisierende Zuspitzungen, die sich letztlich nicht mit empirischen Daten über das Sinnerleben decken lassen?

Die empirischen Befunde zum Sinnerleben lassen nicht zu allen beschriebenen Krisenerzählungen Rückschlüsse zu. Vielmehr finden sich Untersuchungen, die die Erfahrung vom Sinn in der Arbeit allgemein abfragen oder die Verbindung zwischen Sinnerleben und Gesundheit überprüfen. Insgesamt deuten die Studien auf ein ambivalentes Bild des Sinnerlebens hin.

Die im Fehlzeiten-Report erschienene Untersuchung von Waltersbacher et al. (2018) konzentriert sich auf das Sinnerleben bei der Arbeit und die Folgen für die Gesundheit. Es handelt sich dabei um eine repräsentative Untersuchung von über 2000 Beschäftigten, die sich darauf konzentriert, die Unterschiede zwischen dem erwarteten bzw. erwünschten Sinnerleben und dem tatsächlich wahrgenommenen Sinnerleben herauszuarbeiten. Übergreifend zeigt sich, dass das tatsächliche Sinnerleben signifikant unter der dem erwünschten Sinnerleben liegt. In der Untersuchung wird das Sinnerleben als Konstrukt aus verschiedenen Dimensionen gefasst. Die Kooperationsebene umfasst dabei Aspekte wie das Betriebsklima oder Wohlfühlen am Arbeitsplatz, der individuelle Tätigkeitskontext umfasst die Qualität der Produkte oder die Möglichkeit der Nutzung eigener Fähigkeiten und der gesellschaftliche Nutzen umfasst Fragen nach dem Nutzen des Unternehmens für die Allgemeinheit oder die gesellschaftliche Anerkennung der Tätigkeit. Damit wird nicht unmittelbar nach dem Sinnerleben oder dem Wunsch nach Sinn gefragt, wie es beispielsweise im ALLBUS umgesetzt wird. Hier wird nach dem Gefühl, etwas Sinnvolles zu tun, gefragt. Stattdessen werden in der Untersuchung von Waltersbacher et al. (2018) differenziert verschiedene Items zum Sinnerleben abgefragt. Die Lücke zwischen der Arbeitsrealität und der gewünschten Situation klafft besonders beim Wohlfühlen, dem Betriebsklima sowie der eigenen Wertschätzung im Unternehmen auseinander. Die größte Abweichung findet sich beim Rückhalt durch das Unternehmen. Fragen der sozialen Wertschätzung bzw. Anerkennung im Betrieb scheinen somit diejenigen Felder zu sein, in denen die größten Sinnverluste entstehen.

Neben der grundlegenden Diskrepanz zwischen Wunsch und Wirklichkeit zeigen sich deutliche Unterschiede der einzelnen Items. So ist das Wohlfühlen am Arbeitsplatz insgesamt der wichtigste Aspekt des Sinnerlebens, hier geben 98,4 % der Befragten an, dass ihnen das Wohlfühlen sehr oder eher wichtig ist, dicht gefolgt von der Zusammenarbeit mit Kolleg*innen (97,9 %) oder einem guten Betriebsklima (96,8 %). Die Wichtigkeit des gesellschaftlichen Nutzens ist zwar ebenfalls hoch, doch weitaus weniger wichtig als beispielsweise das Wohlfühlen, die Zusammenarbeit oder auch die Qualität der Produkte. 74,6 % der Befragten geben an, dass es ihnen sehr wichtig oder eher wichtig ist, dass das Unternehmen von Nutzen für die Allgemeinheit ist. So folgern die Autoren später: „Der gesellschaftliche Nutzen sowie das Unternehmensprestige haben für die Befragten eine vergleichsweise geringe Wichtigkeit" (Waltersbacher et al. 2018, S. 30).

Die Studie zeigt somit, dass besonders auf der Kooperationsebene wie auch dem individuellen Tätigkeitskontext es deutliche Sinndefizite gibt und der Status Quo für viele Beschäftigte noch Verbesserungspotenzial bietet. Einzuräumen ist, dass die Diskrepanz zwischen Wunsch und Wirklichkeit überwiegend vorhanden ist, aber immer noch verhältnismäßig gering ausfällt. Der Status Quo wird zwar schlechter als die Wunschsituation eingeschätzt, aber dennoch durchgehend positiv gewertet. Bei keinem Aspekt des Sinnerlebens überwiegen negative Bewertungen, und beispielsweise 84,4 % geben an, sich am Arbeitsplatz wohl zu führen. Die Kritik an der Arbeitsrealität bewegt sich somit auf einem hohen Niveau.

Die Studie offenbart weiterhin, dass bei einer geringeren Abweichung von Wunsch und Wirklichkeit die Arbeitsunfähigkeitszeiten sinken und bestätigt damit den positiven Zusammenhang von Sinnerleben und Gesundheit. Über Veränderungen des Sinnerlebens über die Zeit sagt die Untersuchung nichts aus. Insofern lässt sie sich nicht für die These einer Verbesserung oder Verschlimmerung des Sinnerlebens im Zeitverlauf heranziehen, weist aber auf mögliche Defizite des Sinnerlebens und ein Auseinanderklaffen von Wunsch und Wirklichkeit hin.

Erkenntnisse über die Veränderungen des Sinnerlebens im Zeitvergleich bieten regelmäßige Befragungen. Hier können der DGB-Index sowie der Working Conditions Survey herangezogen werden. Der DGB-Index wird jährlich für Deutschland erhoben, der European Working Conditions Survey alle fünf Jahre. Beide attestieren den Beschäftigten in Deutschland ein positives Sinnerleben. Im Working Conditions Survey wird danach gefragt, wie häufig die Befragten das Gefühl haben, eine sinnvolle Arbeit zu verrichten (Eurofond 2015).[2] Auffällig sind im Working Conditions Survey die Unterschiede verschiedener Qualifikationsgruppen: So haben Hochqualifizierte ein deutlich höheres Sinnerleben als gering Qualifizierte (Eurofond 2015). Die Befunde aus 2010 und 2015 sind relativ konstant auf einem hohen Niveau.

Der DGB-Index fragt nach dem Konstrukt „Sinn der Arbeit" und geht auf die gesellschaftliche, organisationale und individuelle Ebene ein. Auch beim DGB-Index sind die Angaben zum Sinnerleben der letzten Jahre sehr konstant und weisen keinen Trend auf (DGB-Index Gute Arbeit 2013, 2016, 2017). Auch hier sind die Angaben positiv, besonders bei der Identifikation mit der Arbeit und dem Gefühl, einen wichtigen Beitrag für die Organisation zu leisten: Über 80 % der Befragten geben an, dass das bei ihnen in hohem Maß oder in sehr hohem Maß der Fall ist.

Die positiven Werte stehen zunächst in Kontrast zur These eines Sinnverlustes und zu Befunden über die Arbeitswelt, die eine Belastungszunahme aufzeigen. Doch ist wichtig zu klären, was eigentlich gemessen wird, wenn subjektive Einschätzungen des Sinnerlebens erhoben werden. Sicherlich spielt die soziale Erwünschtheit einer sinnvollen Arbeit eine Rolle. Zudem sagen solche Aussagen weniger über die Strukturen der Arbeit aus als über die Vorstellungen und Erwartungen der Befragten.[3] In den Antworten finden sich somit bereits subjektive Bewältigungs- und Deutungsleistungen der Individuen. Insgesamt

---

[2]Anzumerken ist, dass im Working Conditions Survey nicht nach „meaningful work" sondern nach „useful work", also nützlicher Arbeit, gefragt wird.

[3]Siehe hierzu auch die Diskussion über die Messung von Arbeitszufriedenheit und ihre Aussagekraft über Arbeitsbedingungen (DGB- Index Gute Arbeit 2015).

lässt sich also kein eindeutiges Bild einer Sinnkrise der Arbeit zeichnen. So gibt es Hinweise auf wahrgenommene Abweichungen zwischen Wunsch und Wirklichkeit des Sinnerlebens, ebenso wie es deutlich positive Einschätzungen des Sinnerlebens gibt. Die Befunde verweisen auf vorhandene Sinnquellen der Arbeit ebenso wie auf mögliche Barrieren des Sinnerlebens und legen insgesamt eine sensible Interpretation der Daten nahe.

Die weitere Erforschung der Messung des Sinnerlebens sowie Längsschnittuntersuchungen zum Zusammenspiel von (fehlendem) Sinnerleben und psychischer Gesundheit wären Möglichkeiten, einen genaueren Einblick in das komplexe Zusammenspiel von subjektiven Einschätzungen, Arbeitsbelastungen und gesundheitlichen Beeinträchtigungen zu bekommen.

Fazit 7

Menschen wollen ihre Arbeit als sinnvoll erleben, sie haben den Wunsch, sich in ihrer Arbeit zu entwickeln, ihre Fähigkeiten anzuwenden, anderen Menschen damit zu helfen und mit anderen Menschen verbunden zu sein. Dennoch finden sich aktuell noch vielfältige Blockaden des Sinnerlebens in der Arbeitswelt: Für viele hat die Arbeitswelt an sozialem Zusammenhalt verloren, sie fühlen sich vereinzelt und erfahren wenig Anerkennung. Arbeitsdruck und Stress sorgen dafür, dass sie sich primär um dringende Aufgaben kümmern, ohne auch die schönen Aufgabenanteile wahrnehmen zu können.

Die Erfahrungen des Sinnverlustes in der Arbeit verweisen nicht nur auf konkrete Veränderungsmöglichkeiten in Organisationen, sondern sie deuten auch an, dass auf der Ebene des gesellschaftlichen Sinns von Arbeit vielfältige Gestaltungspotenziale liegen. Dazu ist eine Perspektive auf Arbeit notwendig, die Arbeit in einem weiten Verständnis als Ort der Weltaneignung begreift.

Aktuell dominieren besonders Dystopien der Arbeitswelt, in denen die Gefahren von Arbeitslosigkeit durch neue Technologien oder die immer stärkere Überwachung am Arbeitsplatz aufgegriffen werden. Hingegen fehlen attraktive Utopien der Arbeitswelt, also Vorstellungen einer wünschenswerten Arbeitswelt. Doch um die Gestaltungspotenziale freizusetzen, die es für eine Veränderung der Arbeitswelt braucht, ist ein positives Zielbild, eine echte Utopie der neuen Arbeit notwendig.

Bei solchen Utopien kann es nicht nur darum gehen, wie die Missstände in der Arbeit abgefedert werden und wie Arbeit aufhört, eine „milde Krankheit" (Bergmann 2004) zu sein. Ebenfalls sollte die Utopie eine Vorstellung davon vermitteln, wie Menschen ihre Potenziale entfalten können und gemeinsam durch ihre Arbeit auf die Zukunft einwirken, die sie selbst als wünschenswert

© Springer Fachmedien Wiesbaden GmbH, ein Teil von Springer Nature 2020
F. Hardering, *Sinn in der Arbeit,* essentials,
https://doi.org/10.1007/978-3-658-30816-2_7

erachten und bei der die Verbesserung von Lebensqualität im Fokus steht. Dies setzt voraus, Arbeit jenseits der engen Grenzen der Erwerbsarbeit als Tätigsein zu denken, sie nicht auf den Gelderwerb zu verkürzen und Arbeit so im radikalen Sinne neu zu denken.

Was Sie aus diesem *essential* mitnehmen können

- Sinn ist ein unscharfer Begriff
- Sinn in der Arbeit lässt sich aus unterschiedlichen Perspektiven erschließen, die entweder die subjektiven Deutungsleistungen oder strukturelle Rahmenbedingungen des Sinnerlebens in den Fokus rücken
- Es lassen sich vier Schlüsselkategorien sinnvoller Arbeit identifizieren: die Bedeutsamkeit der Arbeit, Authentizität und persönliches Wachstum, die Entfaltung eigener Potenziale und Zugehörigkeit
- Wie genau sich die Digitalisierung von Arbeit auf das Sinnerleben auswirkt, hängt maßgeblich von der konkreten Gestaltung der digitalen Technologien ab
- Empirisch finden sich Hinweise dafür, dass zwischen dem Anspruch an Sinn in der Arbeit und der Realität eine Lücke klafft

© Springer Fachmedien Wiesbaden GmbH, ein Teil von Springer Nature 2020
F. Hardering, *Sinn in der Arbeit,* essentials,
https://doi.org/10.1007/978-3-658-30816-2

Literatur

Albert, M., Hurrelmann, K., Quenzel, G. & TNS Infratest Sozialforschung. (2015). *Jugend 2015. Eine pragmatische Generation im Aufbruch*. Frankfurt a. M.: Fischer Taschenbuch Verlag.

Allan, B. A., Batz-Barbarich, C., Sterling, H. M. & Tay, L. (2019). Outcomes of Meaningful Work: A Meta-Analysis. *Journal of Management Studies 56* (3), 500–528. doi:10.1111/joms.12406.

Antonovsky, A. (1997). *Salutogenese. Zur Entmystifizierung der Gesundheit. Erweiterte deutsche Ausgabe von Alexa Franke*. Tübingen: Dgvt-Verlag.

Arendt, H. (2007). *Vita activa oder Vom tätigen Leben* (Serie Piper, Bd. 3623, Taschenbuch-Sonderausg., 5. Auflage). München u. a.: Piper. (Originalarbeit erschienen 1960).

Arnold, K. A., Turner, N., Barling, J., Kelloway E. Kevin & McKee, M. C. (2007). Transformational leadership and psychological well-being: The mediating role of meaningful work. *Journal of Occupational Health Psychology 12* (3), 193–203. doi:10.1037/1076-8998.12.3.193.

Ashforth, B. E. & Kreiner, G. E. (1999). "How can you do it?" Dirty work and the callenge of constructing a positive identity. *Academy of Management Review 24* (3), 413–434. doi:10.2307/259134.

Aulenbacher, B., Funder, M., Jacobsen, H. & Völker, S. (Hrsg.). (2007). *Arbeit und Geschlecht im Umbruch der modernen Gesellschaft. Forschung im Dialog* (1. Aufl.). Wiesbaden: VS Verlag für Sozialwissenschaften.

Badura, B., Ducki, A., Schröder, H., Klose, J. & Meyer, M. (Hrsg.). (2019). *Fehlzeiten-Report 2019 Digitalisierung - gesundes Arbeiten ermöglichen*. Berlin: Springer.

Bailey, C. & Madden, A. (2016). What makes work meaningful - or meaningless? MIT Sloan Management Review 57 (4), http://sro.sussex.ac.uk/61282/, 52–63.

Bailey, C. & Madden, A. (2020). Contemporary challenges in meaningful work. In A. Wilkinson & M. Barry (Hrsg.), *The future of work and employment* (S. 65–82). Cheltenham, UK; Northampton, USA: Edward Elgar Publishing.

Bailey, C., Yeoman, R., Madden, A., Thompson, M. & Kerridge, G. (2018). A Review of the Empirical Literature on Meaningful Work: Progress and Research Agenda.

Human Resource Development Review First Published October 8, 2018 9, 83-113. doi:10.1177/1534484318804653.

Berg, J. M., Dutton, J. E. & Wrzesniewski, A. (2013). Job crafting and meaningful work. In B. J. Dik, Z. S. Byrne & M. F. Steger (Hrsg.), *Purpose and meaning in the workplace* (S. 81–104). Washington, D. C.: American Psychological Association.

Bergmann, F. (2008). *Neue Arbeit, neue Kultur.* Freiamt im Schwarzwald: Arbor.

Borchert, M. & Landherr, G. (2007). Meaning of Work. Auswertung einer Befragung von Absolventen des Management Forum Starnberg. durchgeführt im November 2006, Duisburg. http://www.msm.uni-due.de/fileadmin/Dateien/HumanR/Forschungsprojekte/ MOW-Bericht_MF_Starnberg.pdf.

Borchert, M. & Landherr, G. (2009). The changing meanings of work in germany. Advances in Developing Human Resources 11 (2), 204–217. doi:10.1177/1523422309333762.

Bröckling, U. (2007). *Das unternehmerische Selbst. Soziologie einer Subjektivierungsform.* Frankfurt am Main: Suhrkamp.

Burisch, M. (2010). *Das Burnout-Syndrom. Theorie der inneren Erschöpfung; [zahlreiche Fallbeispiele, Hilfen zur Selbsthilfe* (4., aktualisierte Aufl.). Berlin: Springer.

Castel, R. (2000). *Die Metamorphosen der sozialen Frage. Eine Chronik der Lohnarbeit.* Konstanz: UVK.

Castel, R. & Dörre, K. (Hrsg.). (2009). *Prekarität, Abstieg, Ausgrenzung: Die soziale Frage am Beginn des 21. Jahrhunderts.* Frankfurt am Main: Campus Verlag.

Csikszentmihalyi, M. (2014). *Flow. Das Geheimnis des Glücks* (17. Aufl.). Stuttgart: Klett-Cotta.

DGB. (2015). *Arbeitsqualität aus der Sicht von jungen Beschäftigten. 6. Sonderauswertung zum DGB-Index Gute Arbeit.* Berlin.

DGB-Index Gute Arbeit. (2013). *DGB-Index Gute Arbeit - Der Report 2013. Wie die Beschäftigten die Arbeitsbedingungen in Deutschland beurteilen. Mit dem Themenschwerpunkt: Unbezahlte Arbeit* (Institut DGB-Index Gute Arbeit, Hrsg.).

DGB-Index Gute Arbeit. (2016). *DGB-Index Gute Arbeit. Der Report 2016. Wie die Beschäftigten die Arbeitsbedingungen in Deutschland beurteilen* (Institut DGB-Index Gute Arbeit, Hrsg.).

DGB-Index Gute Arbeit (Hrsg.). (2017). Verbreitung, Folgen und Gestaltungsaspekte der Digitalisierung in der Arbeitswelt. Auswertungsbericht auf Basis des DGB-Index Gute Arbeit 2016.

Dörre, K. (2006). Prekäre Arbeit. Unsichere Beschäftigungsverhältnisse und ihre sozialen Folgen. *Arbeit. Zeitschrift für Arbeitsforschung, Arbeitsgestaltung und Arbeitspolitik 15* (1), 181–193.

Dutton, J. E., Roberts, L. M. & Bednar, J. (2010). Pathways for positive identity construction at work: Four types of positive identity and the building of social resources. *Academy of Management Review 35* (2), 265–293. doi:10.5465/ AMR.2010.48463334.

Eisenmann, M. & Wienzek, T. (2018). Stellt Digitalisierung eine Gefahr oder eine Chance für das Sinnerleben der Arbeit dar? In B. Badura, A. Ducki, H. Schröder, J. Klose & M. Meyer (Hrsg.), *Fehlzeiten-Report 2018. Sinn erleben - Arbeit und Gesundheit; Zahlen, Daten, Analysen aus allen Branchen der Wirtschaft* (Fehlzeiten-Report, Bd. 2018, Bd. 89, S. 177–188). Berlin: Springer.

Eurofond (Eurofond, Hrsg.). (2015). Sixth European Working Conditions Survey: 2015. https://www.eurofound.europa.eu/surveys/european-working-conditions-surveys/sixth-european-working-conditions-survey-2015.

Ferber, C. v. (1959). Arbeitsfreude. Wirklichkeit und Ideologie; (Göttinger Abhandlungen zur Soziologie, unter Einschluss ihrer Grenzgebiete, 4. Bd). Stuttgart: F. Enke.

Festl, M. (2014). Gemeinsam einsam: Entfremdung in der Arbeit heute. Versuch einer empirisch regulierten normativen Theorie. *Zeitschrift für Praktische Philosophie 1* (1), 51–98.

Frankl, V. E. (2008). *... trotzdem ja zum Leben sagen. Ein Psychologe erlebt das Konzentrationslager* (dtv, Bd. 30142, 29. Aufl., ungekürzte Ausg). München: Dt. Taschenbuch-Verl.

Gaspar, C. & Hollmann, D. (2015). Bedeutung der Arbeit – Ergebnisse der Befragung. Ein Kooperationsprojekt von GfK Verein und Bertelsmann Stiftung.

Gimpel, H., Lanzl, J., Manner-Romberg, T. & Nüske, N. (2018). *Digitaler Stress in Deutschland. Eine Befragung von Erwerbstätigen zu Belastung und Beanspruchung durch Arbeit mit digitalen Technologien* (Forschungsförderung Working Paper, Nr. 101), Düsseldorf. Zugriff: 08. November 2019.

Graeber, D. (2018). *Bull Shit Jobs. Vom wahren Sinn der Arbeit*. Stuttgart: Klett-Cotta.

Grant, A. (2016). Geben und Nehmen. Warum Egoisten nicht immer gewinnen und hilfsbereite Menschen weiterkommen (Droemer, Bd. 30116, VollständigeTaschenbuchausg abe). München: Droemer Taschenbuch.

Guillot-Soulez, C. & Soulez, S. (2014). On the heterogeneity of Generation Y job preferences. *Employee Relations 36* (4), 319–332. doi:10.1108/ER-07-2013-0073.

Hackman, J. R. & Oldham, G. R. (1980). Work Redesign. Reading, MA: Addison-Wesley.

Hansen, J.-I. & Leuty, M. E. (2012). Work values across generations. *Journal of Career Assessment 20* (1), 34–52.

Hardering, F. (2014). Zwischen Glücksjagd und Sinnsuche in der Arbeitswelt. Über die Beschaffenheit und Aneignung moderner Glücksvorstellungen der Arbeit. *Sozialwissenschaften und Berufspraxis 37* (2), 175–187.

Hardering, F. (2015). Meaningful work: Sinnvolle Arbeit zwischen Subjektivität, Arbeitsgestaltung und gesellschaftlichem Nutzen. *Österreichische Zeitschrift für Soziologie 40* (4), 391–410. doi:10.1007/s11614-015-0181-7.

Hardering, F. (2017a). Die Suche nach dem Sinn: Zur Zukunft der Arbeit. *Aus Politik und Zeitgeschichte 26*, 4–10.

Hardering, F. (2017b). Wann erleben Beschäftigte ihre Arbeit als sinnvoll? Befunde aus einer Untersuchung über professionelle Dienstleistungsarbeit. *Zeitschrift für Soziologie 46* (1), 39–54. doi:10.1515/zfsoz-2017-1003.

Hardering, F. (2018a). Die Sinnsuche der Generation Y. Zum Wandel von Ansprüchen an den Sinn (in) der Arbeit. In B. Badura, A. Ducki, H. Schröder, J. Klose & M. Meyer (Hrsg.), *Fehlzeiten-Report 2018. Sinn erleben - Arbeit und Gesundheit* (Fehlzeiten-Report, Bd. 2018, 1. Auflage 2018, S. 75–83). Berlin: Springer.

Hardering, F. (2018b). Erzählweisen des sozialunternehmerischen Selbst: Zur Aneignung biographischer Selbstthematisierungsformen im Feld des Social Entrepreneurship. In A. Geimer, S. Amling & S. Bosančić (Hrsg.), *Subjekt und Subjektivierung – Empirische und theoretische Perspektiven auf Subjektivierungsprozesse* (S. 215–233). Berlin: Springer VS.

Hardering, F. (2018c). Sinnvolle Arbeit unter Druck? Markterfordernisse, Organisationslogiken und die Verteidigung professioneller Handlungsautonomie. In S. Börner, U. Bohmann, D. Lindner, J. Oberthür & A. Stiegler (Hrsg.), *Praktiken der Selbstbestimmung. Zwischen subjektivem Anspruch und institutionellem Funktionserfordernis* (S. 3–24). Berlin: Springer VS.

Hardering, F., Hofmeister, H. & Will-Zocholl, M. (2015). Sinn der Arbeit und sinnvolle Arbeit: Zur Einführung. *Arbeit: Zeitschrift für Arbeitsforschung, Arbeitsgestaltung und Arbeitspolitik 24* (1–2), 3–12.

Hardering, F. & Lenz, S. (2017). Wie viel Nachhaltigkeit braucht gute Arbeit? Arbeitsansprüche in beruflichen Umbruchphasen. *Arbeits- und Industriesoziologische Studien* (2), 7–19.

Hardering, F. & Will-Zocholl, M. (2015). Die Krise des Sinns der Arbeit? „Sinnvolle Arbeit" als Gegenstand soziologischer Krisendiskurse. http://publikationen.soziologie.de/index.php/kongressband_2014/article/view/169.

Hardering, F., Will-Zocholl, M. (2020). Zwischen Sinngestaltung und Sinnbewahrung – Aneignungsweisen hochqualifizierter Dienstleistungsarbeit. *Berliner Journal für Soziologie*. https://doi.org/10.1007/s11609-020-00404-8.

Hardering, F. (i.E.). Von der Arbeit 4.0 zum Sinn 4.0? Über das Sinnerleben in der Arbeit in Zeiten der Digitalisierung. *Österreichische Zeitschrift für Soziologie*.

Hildebrandt, E. (2004). Anders Arbeiten? Das Konzept der Mischarbeit im Agendaprozess. *CONTRASTE – Die Monatszeitung für Selbstorganisation 21* (233), 9–10.

Hirsch-Kreinsen, H., Ittermann, P. & Niehaus, J. (Hrsg.). (2018). *Digitalisierung industrieller Arbeit. Die Vision Industrie 4.0 und ihre sozialen Herausforderungen.* Baden-Baden: edition sigma in der Nomos Verlagsgesellschaft.

Honneth, A. (2003). *Kampf um Anerkennung. Zur moralischen Grammatik sozialer Konflikte.* Frankfurt am Main: Suhrkamp. (Originalarbeit erschienen 1992).

Hurrelmann, K. & Albrecht, E. (2014). *Die heimlichen Revolutionäre. Wie die Generation Y unsere Welt verändert.* Weinheim u. a: Beltz.

Isaksen, J. (2000). Constructing meaning despite the drudgery of repetitive work. *Journal of Humanistic Psychology 40* (3), 84–107. doi:10.1177/0022167800403008.

Jäger, W. & Röttgers, K. (Hrsg.). (2008). *Sinn von Arbeit. Soziologische und wirtschaftsphilosophische Betrachtungen.* Wiesbaden: VS Verlag für Sozialwissenschaften.

Jürgens, K. (2014). „Sinnvolle Arbeit" - der Maßstab „Guter Arbeit". In K. Dörre, K. Jürgens & I. Matuschek (Hrsg.), *Arbeit in Europa. Marktfundamentalismus als Zerreißprobe* (S. 325–338). Frankfurt am Main: Campus Verlag.

Jürgens, K., Hoffmann, R. & Schildmann, C. (2017). *Arbeit transformieren! Denkanstöße der Kommission „Arbeit der Zukunft".* Bielefeld: Transcript.

Kämpf, T. (2015). „Ausgebrannte Arbeitswelt" - Wie erleben Beschäftigte neue Formen von Belastung in modernen Feldern der Wissensarbeit? *Berliner Journal für Soziologie 25* (1-2), 133–159. doi:10.1007/s11609-015-0278-7.

Kleemann, F., Westerheide, J. & Matuschek, I. (2019). *Arbeit und Subjekt.* Wiesbaden: Springer Fachmedien.

Kocka, J. (2000). Arbeit früher, heute, morgen: Zur Neuartigkeit der Gegenwart. In J. Kocka & C. Offe (Hrsg.), *Geschichte und Zukunft der Arbeit* (S. 476–493). Frankfurt a. M.: Campus.

Kost, D., Fieseler, C. & Wong, S. I. (2018). Finding meaning in a hopeless place? The construction of meaningfulness in digital microwork. *Computers in Human Behavior 82*, 101–110. doi:10.1016/j.chb.2018.01.002.

Lips-Wiersma, M. & Morris, L. (2009). Discriminating between 'meaningful work' and the 'management of meaning'. *Journal of Business Ethics 88* (3), 491–511. doi:10.1007/s10551-009-0118-9.

Lips-Wiersma, M. & Morris, L. (2018). *The map of meaningful work. A practical guide to sustaining our humanity* (Second edition). London: Routledge.

Lips-Wiersma, M. & Wright, S. (2012). Measuring the meaning of meaningful work: Development and validation of the comprehensive meaningful work scale (CMWS). *Group & Organization Management 37*, 655–685. doi:10.1177/1059601112461578.

Lips-Wiersma, M., Wright, S. & Dik, B. (2016). Meaningful work. Differences among blue-, pink-, and white-collar occupations. *Career Development International 21* (5), 534–551. doi:10.1108/CDI-04-2016-0052.

Littig, B. & Spitzer, M. (2011). *Arbeit neu. Erweiterte Arbeitskonzepte im Vergleich. Literaturstudie zum Stand der Debatte um erweiterte Arbeitskonzepte*. Arbeitspapier 229 der Hans-Böckler-Stiftung (Hrsg.).

Marx, K. (1968 [1844]. Ökonomisch-philosophische Manuskripte aus dem Jahre 1844. In K. Marx & F. Engels (Hrsg.), *Marx-Engels-Werke* (S. 465–588). Berlin: Dietz Verlag.

May, D. R., Gilson, R. L. & Harter, L. M. (2004). The psychological conditions of meaningfulness, safety and availability and the engagement of the human spirit at work. *Journal of Occupational and Organizational Psychology 77* (1), 11–37. doi:10.1348/096317904322915892.

Müller-Thur, K., Angerer, P., Körner, U. & Dragano, N. (2018). Arbeit mit digitalen Technologien, psychosoziale Belastungen und potenzielle gesundheitliche Konsequenzen: Wo gibt es Zusammenhänge? *ASU Arbeitsmedizin Sozialmedizin Umweltmedizin 52*, 388–391.

Münsterberg, H. (1916). *Psychologie und Wirtschaftsleben. Ein Beitrag zur angewandten Experimental-Psychologie*. Leipzig: J. A. Barth (3. unveränderte Auflage).

Nies, S. (2015). *Nützlichkeit und Nutzung von Arbeit. Beschäftigte im Konflikt zwischen Unternehmenszielen und eigenen Ansprüchen*. Baden-Baden: edition sigma in der Nomos Verlagsgesellschaft.

Pfeil, S. (2016). *Werteorientierung und Arbeitgeberwahl im Wandel der Generationen. Eine empirisch fundierte Analyse unter besonderer Berücksichtigung der Generation Y*. Wiesbaden: Springer Gabler.

Rössler, B. (2012). Sinnvolle Arbeit und Autonomie. *Deutsche Zeitschrift für Philosophie 60* (4), 513–534. doi:10.1524/dzph.2012.0040.

Rosa, H. (2012). Arbeit und Entfremdung. In K. Dörre, D. Sauer & V. Wittke (Hrsg.), *Kapitalismustheorie und Arbeit: Neue Ansätze soziologischer Kritik* (S. 410–420). Frankfurt am Main: Campus Verlag.

Rosa, H. (2016). *Resonanz. Eine Soziologie der Weltbeziehung* (2. Auflage). Berlin: Suhrkamp.

Rosso, B. D., Dekas, K. H. & Wrzesniewski, A. (2010). On the meaning of work. A theoretical integration and review. *Research in Organizational Behavior 30*, 91–127. doi:10.1016/j.riob.2010.09.001.

Schnell, T. (2016). *Psychologie des Lebenssinns*. Berlin, Heidelberg: Springer.

Schnell, T. (2018). Von Lebenssinn und Sinn in der Arbeit - Warum es sich bei beruflicher Sinnerfüllung nicht um ein nettes Extra handelt. In B. Badura, A. Ducki, H. Schröder, J. Klose & M. Meyer (Hrsg.), *Fehlzeiten-Report 2018. Sinn erleben - Arbeit und Gesundheit* (Fehlzeiten-Report, Bd. 2018, 1. Auflage 2018, S. 11–22). Berlin: Springer.

Schnell, T., Höge, T. & Pollet, E. (2013). Predicting meaning in work. Theory, data, implications. *The Journal of Positive Psychology 8* (6), 543–554. doi:10.1080/174397 60.2013.830763.

Semmer, N. K., Jacobshagen, N., Meier, L. L., Elfering, A., Kälin, W. & Tschan, F. (2013). Psychische Beanspruchung durch illegitime Aufgaben. In G. Junghanns & M. Morschhäuser (Hrsg.), *Immer schneller, immer mehr. Psychische Belastung bei Wissens- und Dienstleistungsarbeit* (S. 97–112). Wiesbaden: Springer VS. https://doi. org/10.1007/978-3-658-01445-2_5.

Senghaas-Knobloch, E., Nagler, B. & Dohms, A. (1997). *Zukunft der industriellen Arbeitskultur. Persönliche Sinnansprüche und Gruppenarbeit* (2. Aufl.). Münster: Lit.

Staab, P. & Nachtwey, O. (2016). Die Digitalisierung der Dienstleistungsarbeit. *Aus Politik und Zeitgeschichte* (18–19), 24–31.

Steger, M. F., Dik, B. J. & Duffy, R. D. (2012). Measuring meaningful work. The work and meaning inventory (WAMI). *Journal of Career Assessment 20* (3), 322–337. doi:10.1177/1069072711436160.

Stein, M.-K., Wagner, E. L., Tierney, P., Newell, S. & Galliers, R. D. (2018). Datification and the Pursuit of Meaningfulness in Work. *Journal of Management Studies 29, 29.* doi:10.1111/joms.12409.

Symon, G. & Whiting, R. (2019). The Sociomaterial Negotiation of Social Entrepreneurs' Meaningful Work. *Journal of Management Studies 56* (3), 655–684. doi:10.1111/ joms.12421.

Twenge, J. M., Campbell, S. M., Hoffmann, B. J. & Lance, C. E. (2010). Generational Differences in Work Values: Leisure and Extrinsic Values Increasing, Social and Intrinsic Values Decreasing. Journal of Management 36 (5), 1117–1142. doi:10.1177/0149206309352246.

Twenge, J. M., Campbell, W. K. & Freeman, E. C. (2012). Generational differences in young adults' life goals, concern for others, and civic orientation, 1966–2009. *Journal of Personality and Social Psychology 102* (5), 1045–1062. http://dx.doi.org/10.1037/ a0027408.

Ulich, E. (2011). *Arbeitspsychologie* (7., überarbeitete und aktualisierte Auflage). Stuttgart: Schäffer-Poeschel.

Vobruba, G. (2019). *Entkoppelung von Arbeit und Einkommen. Das Grundeinkommen in der Arbeitsgesellschaft* (3. Aufl. 2019). Wiesbaden: Springer Fachmedien.

Volmerg, B., Senghaas-Knobloch, E. & Leithäuser, T. (Hrsg.). (1986). *Betriebliche Lebenswelt. Eine Sozialpsychologie Industrieller Arbeitsverhältnisse.* Opladen: Westdeutscher Verlag.

Voß, G. G. (2010). Was ist Arbeit? Zum Problem eines allgemeinen Arbeitsbegriffs. In F. Böhle, G. G. Voß & G. Wachtler (Hrsg.), *Handbuch Arbeitssoziologie* (S. 23–80). Wiesbaden: VS Verlag für Sozialwissenschaften.

Voswinkel, S. (2015). Sinnvolle Arbeit leisten - Arbeit sinnvoll leisten. *Arbeit : Zeitschrift für Arbeitsforschung, Arbeitsgestaltung und Arbeitspolitik 24* (1–2), 31–48.

Voswinkel, S. (2018). Was erleben Beschäftigte als sinnvolle (bzw. sinnlose) Arbeit? Gesundheitliche Belastungen durch Erfahrungen von Sinnlosigkeit. In B. Badura, A. Ducki, H. Schröder, J. Klose & M. Meyer (Hrsg.), *Fehlzeiten-Report 2018. Sinn erleben - Arbeit und Gesundheit; Zahlen, Daten, Analysen aus allen Branchen der Wirtschaft* (Fehlzeiten-Report, Bd. 2018, S. 191–199). Berlin: Springer.

Waltersbacher, A., Zok, K., Böttger, S. J. & Klose, J. (2018). Sinnerleben bei der Arbeit und der Einfluss auf die Gesundheit. Ergebnisse einer repräsentativen Befragung unter Erwerbstätigen. In B. Badura, A. Ducki, H. Schröder, J. Klose & M. Meyer (Hrsg.), *Fehlzeiten-Report 2018. Sinn erleben - Arbeit und Gesundheit* (Fehlzeiten-Report, Bd. 2018, 1. Auflage 2018, S. 23–46). Berlin: Springer.

Weber, M. (2007). *Die protestantische Ethik und der Geist des Kapitalismus*. Erftstadt: Area Verlag.

Weeks, K. P. & Schaffert, C. (2017). Generational Differences in Definitions of Meaningful Work: A Mixed Methods Study. *Journal of Business Ethics online first*, 1–17. doi:10.1007/s10551-017-3621-4.

Wrzesniewski, A. & Dutton, J. E. (2001). Crafting a job: Revisioning employees as active crafters of their work. *Academy of Management Review 26* (2), 179–201. doi:10.2307/259118.

Printed in the United States
By Bookmasters